모든 의를 이루신 예수 그리스도 IV

마태복음 강해 설교집

김 사무엘

義齊堂

목 차

머리말

1. 천국 영생이 가장 귀합니다
   마 22:1-14 · 6

2. 하나님의 것은 하나님께 바치라
   마 22:15-22 · 16

3. 산 자의 하나님
   마 22:23-33 · 28

4. 의인이라야 의의 계명을 지킬 수 있다
   마 22:34-46 · 40

5. 주 앞에서 마음을 낮추라
   마 23:1-12 · 54

6. 화 있을진저 종교인들아!
   마 23:13-39 · 70

7. 주님의 재림의 날과 징조
   마 24:1-31 · 84

8. 마지막 때를 사는 의인들의 믿음
   마 24:32-51 · 100

9. 성령을 받는 자는 누구인가?
   마 25:1-13 · 114

10. 구원의 은혜를 받은 분량
    마 25:14-30 · 128

11. 의인들은 진리의 사랑을 베풂니다
　　　　　　　　　　　　마 25:31-46　・ 140

12. 막달라 마리아와 가룟 유다
　　　　　　　　　　　　마 26:1-25　・ 154

13. 성찬 예식에 담긴 복음의 원형
　　　　　　　　　　　　마 26:26-30　・ 166

14. 연약한 자들을 긍휼히 여기시는 주님
　　　　　　　　　　　　마 26:30-75　・ 178

15. 하나님의 의를 온전히 이루신 예수님
　　　　　　　　　　　　마 27:1-66　・ 192

16. 예수 부활의 목격자들
　　　　　　　　　　　　마 28:1-15　・ 208

17. 모든 족속에게 복음을 전파하라
　　　　　　　　　　　　마 28:16-20　・ 218

머 리 말

　예수님께서는 인류의 대표자인 세례 요한에게 안수(按手)의 형식으로 세례를 받으셔서 당신의 육체에 이 세상의 모든 죄를 단번에 짊어지셨습니다. **"그 세례"**(행 10:37)로 예수님은 **"세상 죄를 지고 가는 하나님의 어린양"**(요 1:29)이 되셨습니다. 받으신 세례로 전 인류의 죄를 담당한 예수님께서는 십자가에 못 박혀 온몸의 피를 쏟으시고, **"다 이루었다"**(요 19:30)라고 크게 외치신 후 돌아가셨습니다. 예수님은 흠 없는 속죄제물이 되기 위해서 육신을 입고 오신 성자(聖子) 하나님입니다. 예수님께서는 **"물(세례)과 피로 임"**(요일 5:6)하셔서 우리의 모든 죄와 허물에서 우리를 구원하셨습니다.
　이 진리의 복음을 제자들이 끝까지 지키게 하려고, 주님께서는 잡히시던 날 저녁, 유월절 만찬을 나누는 자리에서, 성찬(聖餐)의 예식을 세워 주셨습니다. 성찬 예식에서 주님의 몸을 계시하는 **"떡"**은 예수님께서 육신을 입고 오셔서 받으신 세례를 의미합니다. 그리고 **"포도주"**는 십자가에서 흘리실 주님의 대속의 보혈을 의미합니다. 주님께서는 **"내 살을 먹고 내 피를 마시는 자는 영생을 가졌고 마지막 날에 내가 그를 다시 살리리니 내 살은 참된 양식이요 내 피는 참된 음료로다"**(요 6:54-55)라고 말씀하셨습니다. 예수님께서 받으신 세례와 흘리신 피의 능력을 모두 믿지 않으면 결코 영생을 얻지 못한다는 말씀입니다.
　그런데 오늘날의 기독교인들은 예수님의 살은 먹지 않고 예수님의 피만을 마십니다. 진리의 원형복음(原形福音, the Original

Gospel)에서 절반을 뚝 잘라 버린 "반쪽짜리" 복음으로는 마음의 죄가 결코 사해질 수 없습니다. 앞바퀴를 떼어 버린 자전거가 자전거의 기능을 제대로 하겠습니까? 그런데도 기독교인들은 그런 "반쪽짜리" 복음에 올라타서 믿음의 경주를 하겠다고 용을 쓰고 있으니 참으로 안타깝습니다. "십자가의 피만의 복음"을 믿는 자들은 자기의 모든 죄가 예수님께로 넘어간 증거의 말씀을 모르기 때문에 마음에 죄가 있을 수밖에 없고, 그런 "기독죄인들"(Christian-sinners)은 끝내 지옥의 형벌을 받을 수밖에 없습니다.

"죄의 삯은 사망"(롬 6:23)입니다. 죄가 있으면 분명히 지옥의 판결을 받는다는 말씀입니다. 그러나 예수 그리스도께서 **"물과 피로 임"**(요일 5:6)하셔서 완성하신 진리의 원형복음을 믿는 자는 결코 정죄함이 없는(롬 8:1) 의인들로 천국의 영생을 누릴 것입니다.

저는 네 권으로 출간된 마태복음 강해설교집을 통해서 여러분 모두가 **"물과 피의 복음"**을 깨닫고 믿음으로 **"죄 사함으로 말미암는 구원"**(눅 1:77)을 받고 천국 영생의 축복을 누리게 되기를 간절히 바랍니다.

2018년 6월 5일
제주에서 저자 김 사무엘 목사

천국 영생이 가장 귀합니다

"예수께서 다시 비유로 대답하여 가라사대
　천국은 마치 자기 아들을 위하여 혼인 잔치를 베푼 어떤 임금과 같으니
　그 종들을 보내어 그 청한 사람들을 혼인 잔치에 오라 하였더니 오기를 싫어하거늘
　다시 다른 종들을 보내며 가로되 청한 사람들에게 이르기를 내가 오찬을 준비하되 나의 소와 살진 짐승을 잡고 모든 것을 갖추었으니 혼인 잔치에 오소서 하라 하였더니
　저희가 돌아 보지도 않고 하나는 자기 밭으로, 하나는 자기 상업차로 가고
　그 남은 자들은 종들을 잡아 능욕하고 죽이니
　임금이 노하여 군대를 보내어 그 살인한 자들을 진멸하고 그 동네를 불사르고
　이에 종들에게 이르되 혼인 잔치는 예비되었으나 청한 사람들은 합당치 아니하니
　사거리 길에 가서 사람을 만나는 대로 혼인 잔치에 청하여 오너라 한대
　종들이 길에 나가 악한 자나 선한 자나 만나는 대로 모두 데려오니 혼인자리에 손이 가득한지라
　임금이 손을 보러 들어올째 거기서 예복을 입지 않은 한 사람을 보고
　가로되 친구여 어찌하여 예복을 입지 않고 여기 들어왔느냐 하니 저가 유구무언이어늘

임금이 사환들에게 말하되 그 수족을 결박하여 바깥 어두움에 내어 던지라 거기서 슬피 울며 이를 갈이 있으리라 하니라
　청함을 받은 자는 많되 택함을 입은 자는 적으니라"(마 22:1-14).

　예수님은 천국에 대해서 여러 비유로 가르쳐 주셨습니다. "천국은 밭에 감추인 보화와 같으니," "또 천국은 마치 좋은 진주를 구하는 장사와 같으니," 혹은 "또 천국은 마치 바다에 치고 각종 물고기를 모는 그물과 같으니"라는 말씀들은 모두 천국이나 천국에 들어가는 비밀을 깨닫게 하는 비유의 말씀입니다. 천국(天國, the Heavenly Kingdom)이란 하나님께서 다스리시는 영원한 낙원(樂園, paradise)입니다. 오늘의 본문에서 "**천국은 마치**"라며 비유된 "**천국**"은 "천국의 영생(永生)"을 의미합니다. 따라서 오늘의 비유 말씀은 "우리가 어떻게 천국의 영생에 들어가느냐" 하는 비밀을 가르쳐 주고 있습니다. 영적인 세계는 우리가 이해하기 어렵기 때문에, 주님은 우리가 쉽게 이해할 수 있도록 영적인 세계에 대하여 비유로 가르쳐 주셨습니다.
　천국의 주인인 임금이 자기 아들을 위해서 혼인잔치를 베풀었습니다. 잔치는 누가 준비했습니까? 임금님 편에서 홀로 준비했습니다. 그리고 그 잔치에 아무 조건 없이 모든 사람을 부르셨습니다. 임금님은 종들을 보내서 죄가 많은 사람이든 적은 사람이든, 남녀노소나 빈부귀천에 상관없이 모든 사람을 다 초대했습니다. 누구든 임금의 초청을 고맙게 여기고 응하기만 하면 잔치 자리에 들어가서 그냥 실컷 먹고 즐기면 되는 일이었습니다. 그런데 처음에 초청된 사람들은 잔치 자리에 오기를 싫어했습니다.

천국 영생의 잔치

　사람들은 자기가 소중하게 여기는 일에 몰두하고 그 일에 목숨을 겁니다. 그래서 어떤 사람이 무슨 일에 몰두하고 있는가를 보면 그 사람이 무엇을 소중하게 여기는가를 알 수 있습니다. 대부분의 사람들은 돈을 버는데 혈안(血眼)이 되어서 살아갑니다. 그것은 그들이 돈을 가장 소중하게 여기고 있다는 방증(傍證)입니다. 어떤 사람들은 열심히 운동을 합니다. 그런 이들은 건강과 장수를 가장 소중하게 여기는 사람들입니다. 그런데 건강관리를 잘한다고 죽음을 피할 수 있습니까? **"한번 죽는 것은 사람에게 정하신 것이요 그 후에는 심판"**(히 9:27)이 있습니다. 우리 모두는 "죽을 운명을 타고난 존재들"(mortal beings)입니다. 그리고 죄가 조금이라도 있으면 영원한 지옥의 판결을 피할 수 없습니다.

　그러니 우리는 천국의 영생을 가장 소중하게 여기고 천국 영생에 들어가기를 사모해야 합니다. 삶과 죽음은 깻잎 한 장 차이입니다. 얼마 전에도 제가 운전을 하고 출근하는데, 대형 트럭이 반대편 차선의 복판을 가로막고 있었습니다. 경찰들이 꽉 막힌 차선을 정리하고 있었는데, 제가 사고 현장을 지나가면서 보았더니 대형 트럭의 옆면을 1톤 트럭이 박아 섰고 1톤 트럭의 운전석이 완전히 찌부러졌습니다. 그 차의 기사님이 살았겠습니까, 죽었겠습니까? 죽어도 처참하게 죽었을 것입니다. 사고가 나기 일초 전에는 그 기사님이 살아 있었습니다. 자기 아내와 통화하면서 "사랑해" 하는 마지막 말을 남겼을 수도 있습니다. 그런데 그 일초 후에 그 기사님은 이 세상 사람이 아니었습니다. 사람이 살고 죽는 것은 깻잎 한 장 차이입니다. 여러분이 지금 살아 있다고 해서 "나는 내일도 살아 있을 것이다"라고 장담할 수 없습니다. 사람은 언제든지 죽을 수 있습니다. 우리는 그런 마음을 가지고 하루하루를 살아야 합니다.

그리고 사람이 죽으면 끝이 아닙니다. 영원한 천국과 영원한 지옥은 분명히 있습니다. 영존(永存)하시는 하나님의 형상을 좇아 창조된 사람의 영혼은 영원불멸(永遠不滅)입니다. 사람이 죽으면 그 육체는 흙으로 돌아가지만 그의 영혼은 천국 또는 지옥이라는 영원한 세계에 들어갑니다. 우리는 하나님의 말씀을 통해서 이 사실을 분명히 믿습니다.

성경은 "태초에 하나님이 천지를 창조하시니라"(창 1:1)는 말씀으로 시작합니다. 하나님이 보이는 하늘과 보이는 땅을 창조하셨습니다. 이는 하나님께서 "보이지 않는 하늘과 보이지 않는 땅"도 창조하셨다는 계시(啓示)입니다. 보이지 않는 하늘이 천국이고 보이지 않는 영적인 땅은 지옥입니다. 지구의 땅속 깊은 곳에는 용암(熔岩)이 들끓고 있습니다. 그 용암이 터져서 나온 것이 화산(火山)입니다. 우리가 화산의 용암을 통해서 지옥을 깨닫도록 하나님께서 땅을 설계하신 것입니다. 또 하늘은 아름답고 영원한 천국을 계시하고 있습니다. 하늘의 아름다움을 들여다보십시오. 특히 제가 사는 제주의 하늘은 너무나 변화무쌍하고 아름답습니다. 하늘과 땅이 분명히 존재하듯이, 영원한 천국과 지옥도 분명히 존재합니다.

"아니 눈에 보이지도 않는 것을 어떻게 있다고 믿어요?" 하고 반문하는 사람도 많습니다. 어떤 것이 눈에 보이지 않는다고 존재하지 않는 줄 압니까? 여러분, 공기(空氣)를 보십시오. 공기가 눈에 보입니까? 눈에는 전혀 보이지 않습니다. 공기는 손으로 잡으려고 해도 잡히지 않습니다. 그런데 공기라는 실체(實體, entity)가 있습니까, 없습니까? 분명이 있습니다. 그리고 1분만 공기를 못 마셔도 우리는 다 죽습니다. 하나님과 영혼 그리고 천국과 지옥은 공기처럼 눈에 보이지는 않지만 분명히 존재합니다. 하나님께서는 당신께서 창조하신 자연 만물을 통해서 하나님의 신성과 능력들을 밝히 보여 주셨습니다. 우리는 천국과 지옥이라는 영원한 세계가 있다는 사실을 분명히 믿어야 합니다.

인생 최대의 도박, 믿음

사람이 잠시 이 땅에 살면서 부귀영화를 누리는 것이 다인 줄 아십니까? 아닙니다. 우리 인생은 한 뼘 길이의 초에 불을 붙여 놓은 것에 불과해서 잠시면 다 타버리고 생명의 불은 꺼지게 되어 있습니다. 사도 바울은 **"우리의 돌아보는 것은 보이는 것이 아니요 보이지 않는 것이니 보이는 것은 잠깐이요 보이지 않는 것은 영원함이니라"**(고후 4:18)고 말씀했습니다. 영원한 천국에 들어가서 영생(永生)의 복락을 누리는 것보다 더 귀한 것은 우리에게 없습니다. 따라서 아직 천국의 영생을 얻지 못한 사람은 반드시 **"죄 사함으로 말미암는 구원"**(눅 1:77)을 받고 천국 영생을 얻어야 합니다. 자기가 지옥에 갈 죄인임을 인정하고 하나님께서 주시는 의의 예복을 입고 천국 영생의 잔치에 들어간 자는 복이 있습니다. 거듭난 자들은 이 땅에서 거렁뱅이같이 살지라도, 또 이 땅에 속한 모든 것들을 다 잃어버릴지라도 천국 영생만은 결코 잃어버릴 수 없습니다.

프랑스의 철학자 블레즈 파스칼(Blaise Pascal, 1623-1662)은 『팡세』라는 수상록에서, 도박의 논리를 비유로 왜 신앙이 모든 사람들에게 필요한지를 역설하고 있습니다. "**파스칼의 내기**"(Pascal's Wager)라고 알려진 그의 논증(論證)은 다음과 같습니다. "하나님을 믿는다는 것은 엄청난 도박이다. 만일 하나님이 존재한다면, 믿음의 도박을 건 당신은 모든 것을 얻는 것이다. 그러나 만일 하나님이 존재하지 않더라도 당신은 아무런 손해도 보지 않는다. 따라서 누구든지 하나님이 존재한다는 편에 믿음의 도박을 걸어야 한다." 우리 속담에 "밑져 봤자 본전"이라는 말이 있습니다. 잃을 것이 없는 도박은 할 만합니다. 믿음의 도박은 "밑져 봤자 본전"입니다. 그런데 만일 우리의 믿음의 도박이 당첨되면 우리는 천국의 영생이라는 엄청난 당첨금을 받게 됩니다. 더구나 우리는 진리의 말씀을 통해서 하나님께서 반드시 살아 계신 것과 하나님께서는 자기를 찾는 자들에게 천국 영생을 선물로 주신다는 사실을 확신합니다. 그래서 우리는 신앙의 도박에서 과감하게 "하나님을 믿는 편"에 우리의 모든 생애를 걸었습니다.

천국 영생의 초대에 불응하는 인간들

그런데 대부분의 사람들은 믿음의 도박을 회피합니다. 그래서 임금님의 초대에도 응하지 않습니다. 어떤 자들은 잔치에 오기를 싫어하고 어떤 자는 장사하러 가고 또 다른 자들은 자기의 밭으로 갔습니다. 심지어 어떤 자들은 잔치에 초대하러 간 종들을 핍박하고 죽이기까지 했습니다. 선한 마음으로 소를 잡아 잔치를 준비해 놓고 사람들을 초대하려던 임금님은 진노했습니다. "**임금이 노하여 군대를 보내어 그 살인한 자들을 진멸하고 그 동네를 불사르고**"(마 22:7)라는 말씀대로 임금님은 당신의 종들을 죽인 자들을 심판하십니다.

　임금님은 다른 종들을 "사거리 길"로 보내서 자기 아들의 혼인 잔치에 초대합니다. 여기에 기록된 "사거리 길"이 『흠정역』(欽定譯, king James Version) 성경에는"큰 길"(the highways)이라고 번역되어 있습니다. 어떤 구원파(救援派)에서는 『개역한글판 성경』의 "사거리 길"을 십자로(十字路)라고 해석하고, "하나님께서 교회에 다니는 사람들을 우리 교회로 불러오라고 하셨다"라고 가르칩니다. 무식하면 용감합니다. 우리는 두렵고 떨리는 마음으로 하나님의 말씀을 깨닫고 가르쳐야 합니다. 우리가 함께 읽는 『개역한글판 성경』은 번역된 지도 오래되었고 국한문 혼용체(國漢文混用體)로 되어 있어서 요즘 사람들은 이해하기 어려운 부분이 제법 있습니다. 그래서 저는 성경의 여러 번역본들을 비교하면서 하나님의 말씀을 이해하려고 노력합니다. "사거리 길"은 많은 사람들이 다니는 넓은 길을 의미합니다. 하나님께서는 사람들이 많이 다니는 길로 가서 만나는 자는 누구든지 천국 잔치에 초청하라고 말씀하신 것입니다.

의의 예복을 입지 않고는 결코 들어갈 수 없는 천국

　이제 잔치 자리에 많은 사람들이 왔습니다. 그런데 예복을 입지 않고 잔치 자리에 들어온 사람이 있었습니다. 이스라엘 나라에서는 잔치를 연 주인이 내어 주는 예복을 입어야만 혼인잔치에 들어갈 수 있습니다. 예복을 입지 않았으면, 자기 옷을 입었다는 뜻입니다. 성경에서 옷은 "의, 옳음"을 의미합니다. 아담과 하와가 범죄하였을 때에 자기들의 수치를 가리려고 무화과 나뭇잎으로 치마를 만들어 입었습니다. 그런데 하나님께서는 그들이 손수 만들어 입었던 무화과 나뭇잎 옷을 벗기시고 그들에게 가죽옷을 입혀 주셨습니다. 무화과 나뭇잎 옷이 인간의 노력(努力)으로 얻은 옷, 즉 인간의 의를 의미한다면, 가죽옷은 어린양이 희생되어야만 얻을 수 있는 옷, 즉 예수님께서 자신을 속죄제물로 드려 만드신 영원하고 완전한 **"하나님의 의"**(롬 1:17)를 의미합니다. 자기의 옳음을 가지고는 천국 영생의 잔치에 절대로 들어가지 못합니다. 어린양으로 오신 예수 그리스도께서 **"물과 피로 임"**(요일 5:6)하셔서 만들어 주신 **"하나님의 의"**의 가죽옷을 예복으로 입은 자들만이 천국 영생의 잔치에 들어갈 수 있습니다.

대부분의 사람들은 자기가 비교적 옳다고 생각합니다. 그러나 그것은 엄청난 착각에 불과합니다. 저도 인간의 의(옳음)가 많은 사람이었습니다. 저는 제가 나름대로 잘났다고 여겼고 남들보다 옳게 살아보려고 무진 애를 썼던 사람입니다. 저는 길거리의 고아를 데려다가 양자를 삼고 제 가진 것을 내어놓고 형제 자매들과 더불어 공동생활도 해 보았습니다. 그런데 의롭게 살아보려고 하면 할수록 저의 마음에는 죄만 쌓여 갔습니다. 우리는 스스로의 기준으로 의로운 척하는 것이지 하나님의 말씀 앞에 서면 쓰레기만도 못한 자들입니다. 사실 우리는 다 이기적이고 정욕적이지 않습니까? 주님께서는 **"네 이웃을 네 몸과 같이 사랑하라"**라고 말씀하셨는데, 우리가 내 이웃을 내 몸과 같이 사랑할 수 있는 자입니까? 우리는 이웃을 내 몸같이 사랑하지 못합니다. 우리나라 속담에도 "남의 염통 곪는 것보다 내 손톱 밑의 가시가 더 아프다"라는 말이 있지 않습니까? 우리는 그렇게 이기적이고 위선적인 존재들입니다. **"만물보다 거짓되고 심히 부패한 것은 마음이라 누가 능히 이를 알리**

요마는"(렘 17:9) 하고 주님은 지적하셨습니다. 마음에는 온갖 더러운 죄악들을 가득 품고 있으면서 거룩한 척, 의로운 척하는 존재가 바로 우리들입니다. 인간은 누구나 만물보다 더 악하고 이기적이고 거짓된 존재입니다. "대저 우리는 다 부정한 자 같아서 우리의 의는 다 더러운 옷 같으며 우리는 다 쇠패함이 잎사귀 같으므로 우리의 죄악이 바람 같이 우리를 몰아 가나이다"(사 64:6). 하나님께서 보시기에 "우리의 의"는 개 집에 넣어 둔 헌 옷처럼 아주 더럽습니다.

우리 자신의 의의 옷을 입고서는 결코 천국 혼인잔치에 들어갈 수 없습니다. 오직 천국의 잔치를 준비한 임금이 만들어 준 예복, 즉 "**하나님의 의**"의 옷을 입어야만 우리는 천국 혼인잔치에 들어갈 수 있습니다. 그 예복은 누가 만들었습니까? 우리의 구세주이신 예수 그리스도께서 자신을 희생의 제물로 드려서 만들어 주셨습니다. 흠 없는 어린양이 대속의 제물로 드려지려면, 반드시 죄인의 안수를 받아서 죄인의 죄를 대신 짊어진 후에 피 흘리고 죽어야 합니다. 예수님은 인류의 대표자인 세례 요한에게 안수(按手)의 형식으로 세례를 받으셔서 "**세상 죄를 지고 가는 하나님의 어린양**"(요 1:29)이 되셨습니다. 그리고 십자가에 못 박혀서 "**다 이루었다**"(요 19:30)라고 외치고 돌아가시기까지 당신의 보혈로 인류의 모든 죄를 대속(代贖)해 주셨습니다.

대속의 어린양으로 오신 예수님께서 만들어 주신 의의 예복이 바로 아담이 입었던 가죽옷입니다. 주님께서 주시는 의의 예복은 진리의 복음인데, 그 진리의 복음은 "십자가의 피만으로" 구성된 것이 아닙니다. 합당한 속죄의 제사가 드려지려면, 먼저 흠 없는 제물이 있어야 되고, 반드시 그 제물의 머리에 안수를 해서 죄를 희생제물에게 넘겨야 합니다. 그리고 마지막으로 그 제물이 반드시 죽어야 합니다. 그런데 지금 대부분의 기독교인들은 진리의 복음에서 결정적으로 중요한 안수(세례)의 단계를 생략하고 십자가의 피만을 믿고 있습니다. 그러니까 그들은 자기의 죄가 예수님께로 넘어간 증거도 없이 예수님을 믿고 있습니다. 그 결과 그들은 예수님을 오랫동안 믿고도 마음에는 죄가 그대로 남아 있습니다. 그래서 그들은 날마다 회개 기도를 합니다. 죄를 죄라고 인정하고 애통해 하는 것 자체가 잘못이라는 얘기는 아닙니다. 저는 다만 기독교인들이 진리의 복음을 알지 못해서 여전히 죄 아래 신음하고 있는 것이 안타깝습니다. 하나님께서 주시는 의의 예복을 입은 사람들은 예수님을 믿고 거듭나서 마음의 죄가 흰 눈같이 씻어진 의인들입니다.

우리에게는 천국 영생이 가장 귀중합니다. 우리는 무엇이 가장 소중한지를 알아야 합니다. 하나님께서는 우리 모두를 천국 영생의 혼인잔치에 초대하셨습니다. 누구든지 자기가 지옥에 가야 마땅한 죄인이라고 시인함으로 누더기 같은 자기의 의의 옷을 벗어버리면, 하나님께서 당신의 아들을 희생시켜서 만드신 의의 예복을 받아 입고 천국 혼인잔치에 넉넉히 들어갈 수 있습니다. 하나님께서 주시는 의의 예복은 우리가 노력해서 받는 것이 아니라 하나님께서 거저 주시는 선물입니다.

말씀을 마쳤습니다.

하나님의 것은 하나님께 바치라

"이에 바리새인들이 가서 어떻게 하여 예수로 말의 올무에 걸리게 할까 상론하고

자기 제자들을 헤롯 당원들과 함께 예수께 보내어 말하되 선생님이여 우리가 아노니 당신은 참되시고 참으로써 하나님의 도를 가르치시며 아무라도 꺼리는 일이 없으시니 이는 사람을 외모로 보지 아니하심이니이다

그러면 당신의 생각에는 어떠한지 우리에게 이르소서 가이사에게 세를 바치는 것이 가하니이까 불가하니이까 한대

예수께서 저희의 악함을 아시고 가라사대 외식하는 자들아 어찌하여 나를 시험하느냐

셋돈을 내게 보이라 하시니 데나리온 하나를 가져왔거늘

예수께서 말씀하시되 이 형상과 이 글이 뉘 것이냐

가로되 가이사의 것이니이다 이에 가라사대 그런즉 가이사의 것은 가이사에게, 하나님의 것은 하나님께 바치라 하시니

저희가 이 말씀을 듣고 기이히 여겨 예수를 떠나가니라"(마 22:15-22).

예수님께서 "포도원 맡은 자들의 악행"과 "아들의 혼인잔치를 베푸신 임금님"의 비유 말씀을 들려주시자 대제사장들과 바리새인들은 그 말씀이 자기들을 빗대서 하신 말씀인 줄을 깨닫고 예수님을 시험해서 올무에 걸리게 하기로 작정을 했습니다. 그들은 어떻게 하든지 예수님을 죽이려고 흑심을 품고 있으면서도 겉으로는 존대하는 척하며, "선생님이여 우리가 아노니 당신은 참되시고 참

으로써 하나님의 도를 가르치시며 아무라도 꺼리는 일이 없으시니 이는 사람을 외모로 보지 아니하심이니이다 그러면 당신의 생각에는 어떠한지 우리에게 이르소서 가이사에게 세를 바치는 것이 가하니이까 불가하니이까" 하고 아주 품격 있고 부드러운 어조로 예수님께 물었습니다.

로마의 식민지배를 받고 있던 유대인들에게는 "로마 황제에게 세금을 바쳐야 하느냐, 아니면 저항의 표시로 세금을 바치지 말아야 하느냐"라는 것이 큰 화두(話頭) 중의 하나였습니다. 열혈당원(the zealots)과 같은 독립투사들은 "우리가 왜 로마 황제에게 세를 바쳐야 되느냐? 우리는 칼을 들고 싸워서라도 로마인들을 몰아내고 독립을 쟁취해야 된다"라고 주장했습니다. 그러나 온건주의자들은, "그것은 어리석은 짓이다. 그래도 로마는 세계를 지배하는 강대국이니 가이사(로마 황제)에게 세를 바치지 않으면 우리만 더 압제를 당할 것이다"라고 주장했습니다. 이러한 논쟁은 끝없이 계속되었습니다. 그들이 생각하기에는 이 문제가 가장 난해한 문제였습니다. 유대인의 지도자인 대제사장들이나 랍비들에게서도 이 논쟁에 대한 명확한 대답을 들을 수 없었습니다. 그래서 그들은 어떻게 하든지 예수님을 올무에 걸리게 하려고 제일 어려운 문제를 들고 예수님께 나온 것입니다.

그러나 예수님은 사람의 마음속을 훤히 꿰뚫어 보시는 하나님입니다. 예수님은 그들이 왜 그런 질문을 들고 나왔는지 훤히 아시기에, **"외식하는 자들아 어찌하여 나를 시험하느냐"**(마 22:18) 하고 그들을 책망하셨습니다. 마음속에는 악독과 탐욕이 가득하면서 겉으로는 아주 경건하고 의로운 척하는 자들이 외식(外飾)하는 자들입니다. 오늘날의 기독교인 중에도 외식하는 자들이 많습니다.

표정은 온화하고 입에는 다정한 미소를 띠고 점잖은 척하고 있지만, 마음속에는 죄와 탐욕이 가득한 자들이 기독교인들 중에 많습니다.

예수님께서는 점잖은 척하면서 예수님을 시험하러 나온 바리새인들을 향해서 **"외식하는 자들아 어찌하여 나를 시험하느냐"** 하시고 **"셋돈을 내게 보이라"** 라고 말씀하셨습니다. 그들은 주님께 데나리온 하나를 보였습니다. 한 데나리온(a denarius)은 성인 한 사람의 하루치 품삯에 해당하는 로마의 은전(銀錢)입니다. 누가복음에서는 데나리온 대신 드라크마라는 그리스의 화폐 단위로 이 부분을 기록하고 있습니다. 예수님 당시에 사회 경제적으로는 그리스 문화가 지중해를 지배했기 때문에 로마 화폐와 그리스 화폐가 함께 쓰였습니다.

우리는 누구의 것인가?

동전에는 보통 위인들의 얼굴이 새겨져 있습니다. 예수님께서는 바리새인들에게 **"이 형상과 이 글이 뉘 것이냐?"** 라고 물으셨습니다. 그들은 **"가이사의 것이니이다"** 하고 대답했습니다. 이에 예수님께서 **"그런즉 가이사의 것은 가이사에게, 하나님의 것은 하나님께 바치라"** 라고 그들에게 말씀하셨습니다. 그 은전(銀錢)이 가이사의 것이라면, 하나님께 바쳐야 할 **"하나님의 것"** 은 무엇을 지칭할까요? 거듭난 우리의 영혼이 바로 하나님의 것입니다. 그리고 하나님은 모든 사람들이 다 하나님의 것이 되기를 원하십니다. 하나님의 관심은 우리 영혼들에게 있습니다. 하나님께서는 여러분 하나하나를 천하보다 귀하게 여기십니다. 하나님의 형상을 좇아 창조된 우리들이 하나님의 구원의 사랑을 입어서 천국의 복락을 누리게 하는 것이 하나님의 간절한 뜻입니다.

예수님을 믿는 사람이라면 누구나 다 하나님의 것이냐? 그렇지는 않습니다. 하나님의 것이 되려면 죄가 없는 거룩한 자, 즉 의인(義人)이 되어야 합니다. 하나님은 거룩한 분이기 때문에 죄가 있는 자를, 즉 죄인을 당신의 것으로 삼을 수 없습니다. 강아지가 밖에 나가서 뒹굴다가 똥을 잔뜩 묻히고 방안에 들어오려고 한다면 그 강아지를 그냥 들여보내 주겠습니까? 먼저 마당의 수돗가로 끌고 가서 깨끗이 씻어 주어야 합니다. 몇 번이고 샴푸를 칠해서 박박 닦아 준 후에 구석구석 살펴보고 더러운 구석이 한 군데도 없어야 방으로 데리고 들어가지 않겠습니까? 이와 같이 마음에 죄가 있는 자들은 절대로 하나님의 것이 될 수 없고 거룩한 천국에 들어갈 자격이 없습니다. 그런데 평생 동안 기독교인으로 살았어도 진리의 원형복음(原形福音)을 믿지 않았다면, 그런 기독교인들의 마음에는 반드시 죄가 있습니다. 그래서 그런 기독교인들은 모이기만 하면 회개 기도부터 시작합니다. 애통한 마음으로 눈물, 콧물을 흘리면서 한바탕 회개 기도를 드리고 나서는, "♬나 사함 받았네~ 너 사함 받았네, 우리 사함 받았네~에~에" 하면서 금방 분위기를 반전시키고 기뻐하는 것을 봅니다. 믿지 않는 사람들이 보면 그들은 마치 정신이 비정상인 사람들 같습니다. 오죽하면 새벽마다 우는 소리가 듣기 싫어서 예배당으로 쓴다고 하면 사람들이 자기 건물을 교회용으로 임대도 주지 않겠습니까?

"그런즉 원하는 자로 말미암음도 아니요 달음박질하는 자로 말미암음도 아니요 오직 긍휼히 여기시는 하나님으로 말미암음이니라"(롬 9:16)고 말씀하셨습니다. 거듭나지 못한 사람들이 자기들을 하나님의 것으로 삼아 달라고 간절히 원하며 울부짖는다고 **"하나님의 것"**이 되는 것도 아니며, 율법을 잘 지키고 종교적 열심으로는 1등이 되려고 노력한다고 **"하나님의 것"**이 되는 것도 아닙니다. 물과 피로 임하신 예수님께서 우리의 죄를 다 없애 주신 진리의 복음을 믿음으로 하나님의 긍휼하심을 입고 마음에 흰 눈같이 죄사함을 받은 의인들만이 **"하나님의 것"**이 됩니다. 여러분은 하나님의 것이 되었습니까? 거듭난 우리는 분명 **"하나님의 것"**입니다. 우리를 당신의 자녀로 삼고자 부르신 이는 하나님입니다. 하나님 아버지께서는 사단 마귀의 노예가 되어서 신음하고 있던 우리들을 불쌍히 여기셔서 당신의 외아들 예수 그리스도를 우리와 같은 육신으로 보내 주셨고, 우리의 구주 예수님은 **"물과 피"**(요일 5:6)의 구원사역으로 우리의 모든 죄와 허물을 없애 주시고 영원하고 완전한 **"하나님의 의"**(롬 1:17)를 입혀 주셨습니다.

   "그러므로 이제 그리스도 예수 안에 있는 자에게는 결코 정죄함이 없나니 이는 그리스도 예수 안에 있는 생명의 성령의 법이 죄와 사망의 법에서 너를 해방하였음이라"(롬 8:1-2).

   "생명의 성령의 법"인 진리의 원형복음 안에 있는 자는 결코 죄가 있을 수 없습니다. 여러분은 결코 죄가 없는 믿음에 도달했습니까? 그렇다면 여러분은 **"하나님의 것"**이며 천국의 시민입니다. 천국의 시민권은 누구에게나 주어지는 것이 아닙니다. 미국은 세계 제일의 강대국인데 미국 정부는 자기 나라의 시민을 철저하게 보호합니다. 그래서 미국에 거주하는 외국인들은 미국의 시민권(市民權)을 얻으려고 무진 애를 씁니다. 그러나 미국에 체류하는 사람이 미국 시민권을 획득하려면 일정한 요건을 갖춰야 합니다. 그리고 그것이 쉽지 않습니다. 제가 미국에서 선교사역을 할 때에 우리나라 재미 교포 중에는 미국 시민권을 갖지 못한 불법체류자가 전체 재미 한국인의 절반 이상은 되었던 것 같습니다. 그런 불법체류자들도 자기들이 미국 시민인 척하고 살아갑니다. 그러나 만일 무슨 문제가 있거나 불심검문을 당하면 불법체류자는 즉각 추방을 당합니다. 그렇게 한 나라의 시민이 되는 것도 일정한 자격이 있어야 하듯이, 영원한 천국의 시민이 되려면 반드시 예수님께서 우리에게 베풀어 주신 진리의 복음을 믿어서 죄 사함을 받아야 합니다. 결코 정죄함이 없는 의인들만이 "**하나님의 것**"이 됩니다. "**하나님의 것**"이 되려면 반드시 거듭나야 합니다. 여러분은 "**하나님의 것**"이 되었습니까? 거듭난 자만이 "**하나님의 것**"입니다.

"하나님의 것"이 된 의인들과 마귀에게 속한 사람들

"자녀들아 너희는 하나님께 속하였고 또 저희를 이기었나니 이는 너희 안에 계신 이가 세상에 있는 이보다 크심이라 저희는 세상에 속한 고로 세상에 속한 말을 하매 세상이 저희 말을 듣느니라 우리는 하나님께 속하였으니 하나님을 아는 자는 우리의 말을 듣고 하나님께 속하지 아니한 자는 우리의 말을 듣지 아니하나니 진리의 영과 미혹의 영을 이로써 아느니라"(요일 4:4-6).

이 세상에는 "**하나님의 것**"과 "**마귀의 것**"이라는 두 부류의 사람들이 공존합니다. 사단 마귀가 지배하는 세상에 속한 자들과 죄 사함을 받아서 하나님께 속한 자들이 이 세상에서 함께 살아가고 있습니다. 사단 마귀는 이 세상의 지배자입니다. 사단 마귀가 불어넣어 준 가치관과 사상과 지배 구조가 이 세상을 장악하고 있습니다. 세상에 속한 자들은 사단 마귀의 가치관을 좇습니다. 사단 마귀는 사람들이 권력과 명예와 돈을 좇다가 죄 가운데서 멸망하도록 개개인이나 사회 전체를 조작하고 속박으로 얽매어 놓았습니다.

그러나 하나님께서는 진리의 말씀으로 영혼들을 구원하십니다. "너희가 이 세상에 속한 것들을 다 얻는다고 해고 천국의 영생을 잃어버린다면 그것들이 너희에게 무슨 소용이 있느냐? 천국 영생보다 더 귀한 것은 없다"라고 하나님은 말씀하십니다. 하나님은 우리의 가치관의 정점(頂点)에 천국 영생을 올려놓았습니다. 그래서 하나님께 속한 자들은 천국 영생을 가장 귀하게 여깁니다. 의인들은 천하를 다 잃어버릴지라도, 그리고 자기의 모든 것을 다 팔아서라도 천국 영생을 산 자들입니다. 그런데 사단 마귀는 그 자리에 돈과 권력과 명예를 올려놓고 사람들을 멸망으로 이끕니다. 그래서 이 세상에 속한 자들은, "눈에 보이지도 않는 하나님이 어디 있냐? 천국과 지옥이 있다고 누가 증거하더냐?" 하며 하나님의 말씀을 무시합니다. 마귀에게 속한 자들은 "나는 이 땅에서 잘 먹고 잘 살면 된다"라고 주장합니다. 그것은 마귀가 불어넣어 준 이 세상의 지배적 가치관입니다.

"저희는 세상에 속한 고로 세상에 속한 말을 하매 세상이 저희 말을 듣느니라"(요일 4:5). 사단 마귀에게 속한 자들끼리는 같은 가치관을 가졌기 때문에 서로 의사소통이 잘됩니다. 그런데 그들은 하나님께 속한 자의 말을 듣지 않을 뿐 아니라 심지어 하나님의 백성들을 미워하고 핍박합니다. "너희가 세상에 속하였으면 세상이 자기의 것을 사랑할 터이나 너희는 세상에 속한 자가 아니요 도리어 세상에서 나의 택함을 입은 자인 고로 세상이 너희를 미워하느니라"(요 15:19)고 주님께서 말씀하셨습니다. 그러니 세상에 속한 자들이 우리 의인들을 미워하고 핍박하는 것을 여러분은 당연히 여기십시오. 사단 마귀는 세상의 권력자들을 사로잡아서 자기의 하수인으로 삼고 세상을 지배하는데 세상에 속한 자들은 다 그들의 지배를 받습니다. 자기 영혼이 사단 마귀에게 속한 자들과 자기 영혼이 하나님께 속한 자들은 각각 자기가 섬기는 이에게 자신을 바칩니다.

우리를 당신의 것으로 삼기 위해서 주님께서 지불하신 대가(代價)

우리는 사단 마귀가 지배하는 세상으로부터 해방되어서 **"하나님의 것"**이 되었습니다. 우리가 하나님의 것으로 된 것은 전적으로 주님의 사랑과 희생으로 인한 것입니다. 우리를 당신의 것으로 삼기 위해서 우리 주님께서는 당신의 생명을 속전(贖錢, Ransom)으로 지불하셨습니다. 속전이란 볼모나 노예 상태에 있는 어떤 사람을 자유롭게 해 주기 위해서 지불하는 몸값입니다. 태어날 때부터 사단 마귀의 노예로 살 수밖에 없었던 우리들을 사단의 권능인 죄와 사망에서 풀어 주시려고 주님께서는 당신의 생명을 지불하셨습니다. 예수님은 근본 하나님인데, 하나님의 권세와 영광을 다 포기하시고 우리와 같이 비천한 인간의 육신을 입고 이 땅에 오셔서 전 인류를 사단 마귀의 손에서 구원하기 위해서 당신의 생명을 속전(贖錢, Ransom)으로 지불하셨습니다. 주님께서는 인류의 대표자인 세례 요한에게 요단강에서 안수의 형식으로 세례 받으실 때에 이 세상의 모든 죄를 다 담당하셨습니다. 주님은 받으신 세례로 **"세상 죄를 지고 가는 하나님의 어린양"**(요 1:29)이 되셔서 십자가로 가셨습니다. 그리고 주님은 십자가에 못 박혀서 당신의 피를 다 흘리시고 **"다 이루었다"**(요 19:30)라고 외치시며 돌아가시기까지 우리의 죗값을 완전히 지불해 주셨습니다. 우리 주님의 엄청난 희생이 있었기에 우리가 주님의 은혜로 값없이 **"하나님의 것"**이 되었습니다.

"너희도 그들 중에 있어 예수 그리스도의 것으로 부르심을 입은 자니라"(롬 1:6).

사도 바울은 우리가 그리스도의 것이 되었다고 분명하게 선포합니다. 우리는 사단 마귀의 것이었는데 **"하나님의 것"**으로 우리의 신분이 변했습니다. 그러면 이제부터 우리는 누구를 위해서 살아야 합니까? "우리 중에 누구든지 자기를 위하여 사는 자가 없고 자기를 위하여 죽는 자도 없도다 우리가 살아도 주를 위하여 살고 죽어도 주를 위하여 죽나니 그러므로 사나 죽으나 우리가 주의 것이로라"(롬 14:7-8)고 말씀하셨습니다. "가이사의 것은 가이사에게, **하나님의 것은 하나님께 바치라**"라는 말씀도 같은 뜻입니다. **"하나님의 것"**이 된 우리들은 자기의 삶을 주님께 드리는 것이 마땅합니다.

한 노예 처녀가 있었습니다. 그 처녀는 포악한 주인에게 매일 두드려 맞고 학대를 받아서 상처투성이였습니다. 그런데 어떤 귀인(貴人)이 자기의 전 재산을 다 팔아서 그 노예를 사서는 자기의 아내로 삼았습니다. 그러면 비참한 노예였던 그 처녀가 얼마나 행복했겠습니까? 그리고 그 여인은 이제 얼마나 온 마음을 다해서 자기의 남편을 사랑하겠습니까? 우리도 그와 같은 은혜를 입은 자들입니다. 하나님께로부터 그 **"어떠한 사랑"**(요일 3:1)을 입은 자는 마땅히 자원(自願)함과 기쁨으로 자기의 삶을 주님께 드립니다. 하나님의 것이 된 의인들은 누가 강요해서가 아니라 스스로 원해서 기뻐하며 자기 자신을 주님께 드립니다.

자신을 하나님께 바친 자의 삶

"네가 그리스도 예수의 좋은 군사로 나와 함께 고난을 받을지니 군사로 다니는 자는 자기 생활에 얽매이는 자가 하나도 없나니 이는 군사로 모집한 자를 기쁘게 하려 함이라"(딤후 2:3-4).

주님께로부터 부르심을 받아서 **"하나님의 것"**이 된 자들은 하나님의 군사(軍士)입니다. 그리고 **"좋은 군사"**라면 자기의 사적인 일에 몰두하기보다 자기를 군사로 부른 사령관의 명령에 먼저 순종합니다. 우리를 복음의 군사로 모집한 분은 예수 그리스도입니다. 예수 그리스도께서 우리를 사단의 손에서 구원하셔서 당신의 복음의 군사로 삼아주셨습니다. 복음의 **"좋은 군사"**들은 자기의 일을 먼저 하지 않습니다. 우리가 그리스도의 군사라면 먼저 사령관이신 주님의 명령을 좇는 것이 옳습니다. 만일 우리가 내 일을 제일 먼저 챙긴 다음에 자투리 시간이 있으면 그만큼만 군사로 다니는 흉내를 낸다면 우리는 결코 **"예수의 좋은 군사"**가 아닙니다. 우리는 믿음의 선배인 사도 바울을 본받아야 합니다. 사도 바울은 거듭난 후에 **"예수의 좋은 군사"**로 충성된 삶을 살았습니다. 바울은 **"누가 자비량하고 병정을 다니겠느냐"**(고전 9:7) 하고 물었습니다. 군사로 다니는 사람은 당연히 군대에서 주는 밥을 먹습니다. 그러나 바울은 한 영혼이라도 더 구원하기 위해서 자비량(自費糧)하며, 즉 스스로 천막을 짜서 번 돈으로 양식을 사 먹으며 복음을 전파했습니다. 그는 한 영혼이라도 더 구원하기 위해서 어떤 모양이라도 되었다고 말씀합니다.

"내가 모든 사람에게 자유하였으나 스스로 모든 사람에게 종이 된 것은 더 많은 사람을 얻고자 함이라 유대인들에게는 내가 유대인과 같이 된 것은 유대인들을 얻고자 함이요 율법 아래 있는 자들에게는 내가 율법 아래 있지 아니하나 율법 아래 있는 자 같이 된 것은 율법 아래 있는 자들을 얻고자 함이요 율법 없는 자에게는 내가 하나님께는 율법 없는 자가 아니요 도리어 그리스도의 율법 아래 있는 자나 율법 없는 자와 같이 된 것은 율법 없는 자들을 얻고자 함이라 약한 자들에게는 내가 약한 자와 같이 된 것은 약한 자들을 얻고자 함이요 여러 사람에게 내가 여러 모양이 된 것은 아무쪼록 몇몇 사람들을 구원코자 함이니 내가 복음을 위하여 모든 것을 행함은 복음에 참예하고자 함이라"(고전 9:19-23).

사도 바울은 또한 "이기기를 다투는 자마다 모든 일에 절제하나니 저희는 썩을 면류관을 얻고자 하되 우리는 썩지 아니할 것을 얻고자 하노라"(고전 9:25)고 권면하셨습니다. "하나님의 것"이 된 우리들은 사단의 노예 상태에서 해방시켜 준 주님을 위해서, 그의 나라와 그의 의를 위해서, 모든 일에 절제합니다. 하나님께서 우리를 모든 죄와 속박에서 자유롭게 해 주셨습니다. 그러나 우리는 그 자유로 방종(放縱)에 흐르지 않고 우리 자신의 유익을 좇지 않습니다. 우리가 하나님의 좋은 군사로 복음의 전쟁에서 승리하려면, 우리는 자기의 생각을 부인하면서 모든 일에 절제하는 것이 합당합니다. 왜 그렇습니까? 거듭난 자는 자기의 몸도 자기의 것이 아니고 "하나님의 것"이기 때문입니다. 그래서 거듭난 의인들은 자기의 욕망을 좇아 자기 마음대로 살 수 없습니다. 만일 거듭난 후에도 여전히 자기의 유익과 욕망을 좇는 자가 있다면, 그런 사람은 자기가 "하나님의 것"이라고 말할 자격이 없습니다. 그런 사람은 결국 다시 세상으로 돌아가서 다시금 사단 마귀의 것으로 전락할 것입니다.

"**가이사의 것은 가이사에게, 하나님의 것은 하나님께 바치라**"라고 말씀하셨습니다. 오늘의 본문 말씀 앞에서 우리는 자신을 진솔하게 돌아봐야 합니다. 우리는 진리의 복음 안에서 자유롭게 되었지만, 그 자유를 육체의 기회로 삼아서는 안될 것입니다. 우리가 하나님의 것이 되었다면, 우리 자신을 하나님께 드려야 마땅합니다.

말씀을 마쳤습니다.

산 자의 하나님

"부활이 없다 하는 사두개인들이 그 날에 예수께 와서 물어 가로되

선생님이여 모세가 일렀으되 사람이 만일 자식이 없이 죽으면 그 동생이 그 아내에게 장가들어 형을 위하여 후사를 세울찌니라 하였나이다

우리 중에 칠 형제가 있었는데 맏이 장가 들었다가 죽어 후사가 없으므로 그의 아내를 그 동생에게 끼쳐두고

그 둘째와 세째로 일곱째까지 그렇게 하다가

최후에 그 여자도 죽었나이다

그런즉 저희가 다 그를 취하였으니 부활 때에 일곱 중에 뉘 아내가 되리이까

예수께서 대답하여 가라사대 너희가 성경도, 하나님의 능력도 알지 못하는고로 오해하였도다

부활 때에는 장가도 아니가고 시집도 아니가고 하늘에 있는 천사들과 같으니라

죽은 자의 부활을 의논할찐대 하나님이 너희에게 말씀하신바

나는 아브라함의 하나님이요 이삭의 하나님이요 야곱의 하나님이로라 하신 것을 읽어 보지 못하였느냐 하나님은 죽은 자의 하나님이 아니요 산 자의 하나님이시니라 하시니

무리가 듣고 그의 가르치심에 놀라더라"(마 22:23-33).

요즘에는 기독교 안에 장로교, 감리교, 성결교, 침례교 등등의 교파가 있듯이, 예수님 시대의 유대교인들은 바리새인과 사두개인

이라는 두 교파로 나누어져서 잦은 논쟁을 벌였습니다. 사두개인들은 죽은 자의 부활이 없다고 믿었지만, 바리새인들은 죽은 자의 부활을 믿었습니다. 바리새인들은 율법을 중시하고 율법을 철저하게 지켜야 된다는 신조를 따르는 자들이었고, 사두개인들은 현실적인 축복을 지향(指向)하는 무리들이었습니다. 한마디로 말하자면, 바리새인들은 율법주의(律法主義)를 교조로 삼았고, 사두개인들은 세속주의(世俗主義)를 지향(志向)하는 자들이었습니다. 사두개인들은 현실의 세계에서 부와 영광을 누리는 것을 하나님의 가장 큰 축복이라고 믿었기에, 그들은 내세(來世)나 부활에 대해서는 관심이 없었습니다.

특별히 부활에 관하여 사두개인들과 바리새인들 사이에 많은 논쟁이 있었는데, 사두개인들은 "죽은 자의 부활이 없다"라는 논거로 오늘의 본문에도 들먹인 "일곱 형제의 아내가 되었던 여인의 부활"이라는 이야기를 가지고 바리새인들을 공박해서 그들을 곤란하게 만들었을 것입니다. 사두개인들이 내세운 가정(假定)은 이렇습니다. 큰형이 결혼해서 자식이 없이 죽었습니다. 그렇게 되면 둘째 아들이 형수를 아내로 맞아서 자식을 낳고, 그 자식이 형의 기업(基業)을 잇도록 율법에 기록되어 있습니다. 그래서 둘째 형이 형수를 아내로 맞이했으나 둘째 형도 자식이 없이 죽었고, 셋째도 넷째도 다섯째도 여섯째도 다 그리되었습니다. 그리고 마지막으로 일곱째 아들까지 큰 형수와 결혼했지만 그도 아들이 없이 죽었습니다. 그리고 끝내 형수도 죽었습니다. 그러면 만일 그들이 다 부활한다면 그 여인은 누구의 아내가 되는 것이 옳겠습니까? 사두개인들은 이런 가정(假定)을 이용해서 "죽은 자의 부활은 없다"라고 억지를 부렸고 바리새인들은 그런 억지 주장을 반박하지 못해서 궁지에 몰리곤 했었습니다.

그러나 부활은 분명히 있습니다. 그런 억지 논리는 인간의 생각일 뿐입니다. 거듭난 우리 의인들은 죽은 자의 부활을 믿습니다. 만일 죽은 자의 부활이 없으면 우리의 믿음은 다 헛것입니다(고전 15:14). 거듭난 의인들의 마음에는 **"믿음, 소망, 사랑"**(고전 13:13)이 자리 잡고 있는데, 여기에서 **"소망(所望)"**이란 부활의 소망입니다. 부활(復活)이라는 말은 "다시 부"(復) 자와 "살 활"(活) 자로 구성되어서 **"다시 산다"**라는 뜻입니다. 우리는 육신적으로 한 번 죽지만, 주님께서 재림하실 때에 우리는 반드시 부활합니다. 예수님께서는 부활하셨습니다. 부활의 첫 열매가 되신 예수 그리스도께서 완성하신 원형복음의 말씀을 믿고 거듭난 의인들도 주님께서 다시 오시는 날에 반드시 부활합니다.

영의 부활과 육신의 부활

이 세상 사람들은 죽은 자의 부활이 없다고 생각합니다. 그러나 부활은 분명히 있습니다. 부활에는 두 가지가 있습니다. 그것은 영의 부활과 육신의 부활입니다. 우리가 진리의 복음을 믿음으로 거듭날 때에 죽었던 우리의 영혼이 부활해서 영생을 얻게 됩니다. 죄 사함을 받은 의인의 영은 생령(生靈), 즉 부활한 영이 되었습니다. 그러면 우리의 연약한 육체는 언제 부활합니까?

"우리가 주의 말씀으로 너희에게 이것을 말하노니 주 강림하실 때까지 우리 살아 남아 있는 자도 자는 자보다 결단코 앞서지 못하리라 주께서 호령과 천사장의 소리와 하나님의 나팔로 친히 하늘로 좇아 강림하시리니 그리스도 안에서 죽은 자들이 먼저 일어나고 그 후에 우리 살아 남은 자도 저희와 함께 구름 속으로 끌어올려 공중에서 주를 영접하게 하시리니 그리하여 우리가 항상 주와 함께 있으리라"(살전 4:15-17).

죽어서 흙으로 돌아갔던 우리의 육신은 예수님께서 재림하실 때에 신령한 몸으로 부활합니다. 진리의 복음을 믿어서 죄 사함 받은 자들 중에 이미 돌아가신 성도들이 먼저 신령한 몸으로 부활하고, 만일 우리가 그때까지 살아 있다면 우리는 산 채로 홀연히 변화되어 부활의 몸을 입고 공중으로 끌어올려 갈 것입니다. 그것이 휴거(携擧, the Rapture)입니다.

죽은 자의 부활은 성경에 약속된 대로 반드시 있습니다. 사도 바울은 예수님의 구원사역과 부활에 관하여 "내가 받은 것을 먼저 너희에게 전하였노니 이는 성경대로 그리스도께서 우리 죄를 위하여 죽으시고 장사 지낸바 되었다가 성경대로 사흘만에 다시 살아나사 게바에게 보이시고 후에 열 두 제자에게와 그 후에 오백여 형제에게 일시에 보이셨나니 그 중에 지금까지 태반이나 살아 있고 어떤 이는 잠들었으며 그 후에 야고보에게 보이셨으며 그 후에 모든 사도에게와 맨 나중에 만삭되지 못하여 난 자 같은 내게도 보이셨느니라"(고전 15:3-8)고 선포했습니다.

이 본문에서 사도 바울이 **"성경대로"**라고 언급한 성경은 구약성경을 말합니다. 예수 그리스도께서는 구약성경에 기록된 속죄제사의 방법대로 우리의 모든 죄를 완벽하게 대속하시고 돌아가셨습니다. 구약의 속죄제사가 하나님께 열납(悅納)되려면, 1) 먼저 흠 없는 양(제물)을 준비해야 되고, 2) 반드시 그 희생제물의 머리에 안수를 해서 죄를 넘겨야 되고, 3) 반드시 그 제물을 잡아서 그 피(생명)로써 죗값을 치러야 했습니다. 하나님의 아들인 예수 그리스도는 육신을 입고 오신 하나님입니다. 그러므로 예수님은 죄가 전혀 없는 합격 제물입니다. 흠 없는 어린양으로, 전 인류를 위한 속죄양으로 오신 예수님은 세례 요한에게 안수의 형식으로 세례를 받았습니다. 세례 요한이 누구입니까? 그는 여자의 몸에서 난 자 중에 가장 큰 자, 즉 인류의 대표자이며 대제사장 아론의 후손입니다.

대속죄일(大贖罪日, the Day of Atonement)에 대제사장 아론은 백성들을 대표해서 아사셀 염소의 머리에 안수를 했습니다. 그는 안수로 이스라엘 백성 전체의 1년 치 죄를 단번에 염소에게 넘겼습니다. 이렇게 이스라엘 백성들의 죄를 짊어진 그 염소는 미리 정한 사람의 손에 끌려서 광야 먼 곳에 버려져 죽임을 당했습니다. 이것이 **"성경대로"** 죄 사함을 받는 구약의 법도였습니다.

인류의 죄를 대속하려고 육신을 입고 오신 하나님의 아들 예수 그리스도께서 요단강에 임하셨습니다. 예수님은 당신에게 세례 베풀기를 머뭇거리던 세례 요한에게 **"이제 허락하라 우리가 이와 같이 하여 모든 의를 이루는 것이 합당하니라"**(마 3:15) 하고 명령하셨습니다. 인류의 대표자이며 아론의 직계 후손(눅 1:5)인 세례 요한은 **"이와 같이 하여"** 즉 예수님의 머리에 안수(按手)한 채로 예수님을 물에 폭 잠갔다가 일으켰습니다. 그때에, 인류의 모든 죄가 단번에 예수님께로 넘어갔습니다. 그래서 예수님은 세례를 받으신 이튿날 **"보라 세상 죄를 지고 가는 하나님의 어린양이로다"**(요 1:29)라는 증거를 세례 요한으로부터 받으셨습니다. 예수님은 안수(按手)의 형식으로 즉 **"이와 같이 하여"** 저와 여러분들의 모든 죄를 짊어지시고 십자가로 가셨습니다. 주님은 십자가에 못 박혀서 여섯 시간 동안 피를 흘리시고 **"다 이루었다"**(요 19:30)라고 크게 외치신 후 돌아가셨습니다. 그리고 사흘 만에 다시 살아나셨습니다.

예수님의 세례에서부터 부활까지가 예수님께서 우리를 구원하신 **"의의 한 행동"**(롬 5:18)입니다. 예수 그리스도께서 우리의 구원을 위해서 베푸신 **"의의 한 행동"**으로 인하여 우리가 거룩함을 얻었습니다. 우리는 의로운 구석이 전혀 없는 자들입니다. 지금까지 날마다 죄만 지었고 앞으로도 죄를 지을 수밖에 없는 자들입니다. **"죄의 삯은 사망"**(롬 6:23)이라는 말씀대로 우리는 지옥의 판결을 받아야 마땅한 자들인데, 하나님께서 우리를 이처럼 사랑하셔서 당신의 아들을 대속(代贖)의 제물로 우리에게 내어 주셨습니다. 하나님께서는 우리를 너무나 사랑하시기 때문에, 우리가 진토(塵土)임을 기억하시고 우리의 체질을 아셨기 때문에, 유일하고도 놀라운 방법으로 우리를 모든 죄에서 구원해 주신 것입니다. 우리는 지금까지도 죄를 많이 지었고 내일도 지을 것이며 죽을 때까지 죄를 지을 수밖에 없는 자들입니다. 김소월 시인의 "진달래"라는 시(詩)에는 "가시는 걸음마다 놓인 그 꽃을"이라는 시구(詩句)가 있습니다. 그런데 우리는 "가시는 걸음마다" 죄를 흘리고 다니는 자가 아닙니까? 그런데 하나님께서는 우리가 그렇게 구제불능의 존재인 줄을 아시고 우리를 불쌍히 여기셔서 우리를 모든 죄에서 구원해 주셨습니다.

이제 누구든지 진리의 원형복음인 **"물과 피의 복음"**을 믿는 자는 믿음으로 인하여 죄 사함을 받게 되었습니다. 그리고 죄 사함을 받은 사람의 영은 죽음에서 부활한 영, 즉 결코 지옥의 판결을 받지 않을 생령(生靈)이 됩니다. 거듭난 사람에게 하나님의 심판이 있습니까, 없습니까? 없습니다. 주일학교 찬양 중에 "♬심판이 나에겐 없네~♬주의 피로 내 죄 가리네"라는 찬양이 있습니다. 그

찬양 가사에는 예수님의 세례가 빠져 있습니다. 그렇기 때문에 아무리 그런 찬양을 힘차게 불러도 마음에는 죄가 그대로 남아 있을 수밖에 없습니다. 그리고 죄가 있으면 하나님의 심판을 피할 수 없습니다. 그러나 진리의 복음을 믿어서 거듭난 사람은 죄가 없습니다. 자기가 잘나서 죄가 없어졌습니까? 자기가 착하게 살고 율법을 잘 지켜서 죄가 없습니까? 아닙니다. 강력한 진공청소기가 지나가면 방바닥에 가득한 먼지들을 쫙 빨아들여서 없애 주듯이, 예수님께서 당신이 받으신 세례로 우리의 모든 죄를 일방적으로 가져가셔서 대속의 피로 없애 주셨기 때문에 우리에게는 죄가 없게 되었습니다. 강력한 진공청소기처럼 우리 무리의 죄악을 주님께서 받으신 세례로 다 빨아들여서 없애 주셨습니다. "그러므로 이제 그리스도 예수 안에 있는 자에게는 결코 정죄함이 없나니 이는 그리스도 예수 안에 있는 생명의 성령의 법이 죄와 사망의 법에서 너를 해방하였음이라"(롬 8:1-2). 주님께서 행하신 "의의 한 행동"을 믿는 사람은 결코 죄가 없고 심판에 이르지도 않습니다.

거듭난 의인들에게는 심판이 없습니다

"내가 진실로 진실로 너희에게 이르노니 내 말을 듣고 또 나 보내신 이를 믿는 자는 영생을 얻었고 심판에 이르지 아니하나니 사망에서 생명으로 옮겼느니라 진실로 진실로 너희에게 이르노니 죽은 자들이 하나님의 아들의 음성을 들을 때가 오나니 곧 이 때라 듣는 자는 살아나리라"(요 5:24-25).

주님의 진리의 복음을 듣고 믿어서 죄 사함을 받은 의인들의 영혼은 사망에서 생명으로 옮겨졌습니다. 이것이 바로 우리 영혼의 부활(復活)입니다. "여호와 하나님이 흙으로 사람을 지으시고 생기를 그 코에 불어 넣으시니 사람이 생령이 된지라"(창 2:7)—진리의 말씀과 성령님이 함께 역사하셔서 우리 안에 생명을 불어넣어 주시면 그 말씀을 받아들인 자는 생령(生靈)이 됩니다. 물과 피의 복음을 믿는 자는 이제 죽은 영이 아니요 부활한 영을 가진 자입니다. 오늘의 본문에서, 주님께서는 **"하나님은 죽은 자의 하나님이 아니요 산 자의 하나님이시다"**라고 말씀하셨는데, 여기에서 "죽은 자"란 "거듭나지 못한 자," 즉 죄인이라는 뜻입니다. 그리고 "산 자"는 거듭난 자, 즉 모든 죄의 사함을 받고 부활한 생령(生靈)이 된 자들입니다.

"하나님은 죽은 자의 하나님이 아니요 산 자의 하나님"이라는 말씀은 출애굽기 3장에서 연유된 말씀입니다. **"하나님이 가라사대 이리로 가까이 하지 말라 너의 선 곳은 거룩한 땅이니 네 발에서 신을 벗으라 또 이르시되 나는 네 조상의 하나님이니 아브라함의 하나님, 이삭의 하나님, 야곱의 하나님이니라"**(출 3:5-6). 모세는 본래 히브리(Hebrew) 사람인데 애굽 공주의 아들로 입양되어서 애굽의 왕자로 살았습니다. 모세는 왕실의 교육을 받고 준수하고 건장한 인물로 성장했는데, 자기 동족이 애굽인에게 핍박을 받는 것을 보고 그 애굽인을 쳐 죽여서 모래에 묻어 버렸습니다. 그런데 그 일이 들통난 것을 알고 모세는 광야로 도망가서 미디안의 제사장 이드로의 사위가 됩니다. 애굽의 왕자였던 모세는 마흔 살에 자기의 화려했던 왕궁 생활을 뒤로하고 도망을 갔습니다. 그는 이방인의 집에 데릴사위로 들어가서 40년을 보냈습니다. 한때 화려했던 사람이 망가지면 그 처지는 더 비참하게 느껴집니다. 모세는 이제 80세가 되어서 아무 소망도 없이 장인 이드로의 양 무리를 치면서 서쪽으로 서쪽으로 가고 있었습니다. 그가 서쪽으로 가고 있었다는 것은 그가 인생의 황혼기를 맞아서 삶의 의욕이 석양처럼 지고 있었다는 말씀입니다. 모세가 그렇게 아무 소망이 없이 내려가다가 호렙산, 즉 시내산에 이르렀을 때에, 여호와 하나님께서 그를 부르셨습니다.

"**여호와의 사자가 떨기나무 불꽃 가운데서 그에게 나타나시니라 그가 보니 떨기나무에 불이 붙었으나 사라지지 아니하는지라**"(출 3:2). 떨기나무는 가시가 돋고 별로 쓸모도 없는 관목(灌木)입니다. 이런 나무는 불이 붙으면 금새 다 타버리고 불은 곧 꺼지기 마련인데, 그 나무는 불이 활활 타오르는데도 나무가 타 없어지지 않고 그대로 있었습니다. 이 기사(記事)는 바로 부활에 관한 계시의 말씀입니다. 떨기나무에 붙은 불이 꺼지지 않듯이, "하나님의 은혜를 입으면 보잘것없는 너희도 영원히 죽지 않고 영생의 존재가 된다"라는 계시였습니다. 모세가 그 놀라운 광경을 자세히 보려고 가까이 가려고 했더니 하나님 사자가, "**이리로 가까이 하지 말라 너의 선 곳은 거룩한 땅이니 네 발에서 신을 벗으라…나는 네 조상의 하나님이니 아브라함의 하나님, 이삭의 하나님, 야곱의 하나님이니라**"(출 3:5-6)고 말씀하셨습니다. 이 말씀을 인용하시면서 주님은 "**하나님은 죽은 자의 하나님이 아니요 산 자의 하나님이다**"라고 선포하셨습니다.

모세가 살았던 시대에는 이미 아브라함이나 이삭이나 야곱이 다 죽었을 때입니다. 그러므로 주님께서 "**죽은 자의 부활을 의논할찐대 하나님이 너희에게 말씀하신바 나는 아브라함의 하나님이요 이삭의 하나님이요 야곱의 하나님이로라 하신 것을 읽어 보지 못하였느냐 하나님은 죽은 자의 하나님이 아니요 산 자의 하나님이**

시니라"(마 22:31-32)고 말씀하신 것은 하나님은 거듭나지 않은 자의 하나님이 아니라 거듭난 의인들의 하나님이라는 뜻입니다. 하나님은 당신의 구원의 사랑을 받아들인 자들의 하나님입니다. 여러분은 하나님 아버지께서 여러분을 지극히 사랑하셔서 당신의 아들을 아낌없이 대속의 제물로 내어 주셨다는 사실을 믿습니까? 하나님 아버지의 보내심을 받은 성자(聖子) 예수님은 받으신 세례와 십자가의 죽으심으로 우리를 모든 죄에서 온전히 구원해 주셨습니다. 여러분은 **"물과 피로 임"**(요일 5:6)하신 주님께서 인류의 모든 죄를 완벽하게 없애 주셨다는 진리의 원형복음을 믿습니까? 이 진리의 복음을 믿는다면 여러분은 **"산 자"**입니다. 산 자와 죽은 자는 천지(天地) 차이입니다. 산 자의 영혼은 이미 부활해서 천국(天國)의 영생을 얻었지만, 죽은 자는 지옥(地獄)의 판결을 피할 수 없습니다.

육신의 부활

이미 영의 부활을 얻은 우리 의인들의 육체도 장차 부활합니다. 십자가에서 돌아가신 그리스도께서는 아리마대 사람 요셉이 자기를 위해서 파 두었던 동굴 무덤에 장사되었다가 사흘 만에 부활하셨습니다. 주님께서는 신령한 몸으로 다시 살아나셨습니다. 주님께서 부활하신 후에 제자들에게 여러 번 나타나셨는데 그때 주님의 몸은 이전의 육신이 아니었습니다. 제자들이 두려워 떨며 문을 꼭꼭 걸어 닫고 있었는데도 주님께서는 그 방으로 스르르 들어오셨습니다. 주님은 자연법칙의 지배를 받지 않는 영의 몸을 입고 부활하셨습니다. 이 신비에 대해서 사도 바울은 **"육의 몸으로 심고 신령한 몸으로 다시 사나니 육의 몸이 있은즉 또 신령한 몸이 있느니라"(고전 15:44)고 말씀했습니다. 우리는 육의 몸은 아직 부활하지 못했습니다. 우리의 육신은 여전히 연약하고 부족하고 악합니다. 이 썩을 육의 몸은 주님께서 재림하실 때 홀연히 변화되어 신령한 몸을 입게 됩니다. 오늘의 설교 초두에 말씀을 드렸듯이, 주님께서 공중에 재림하실 때에 예수님을 믿고 거듭났다가 먼저 돌아가신 분들이 먼저 신령한 몸을 입고 부활하고, 그때까지 살아 있는 의인들은 신령한 몸으로 홀연히 변화되어 공중으로 끌어올려집니다. 이 사건이 바로 휴거(携擧, the Rapture)입니다.

저와 여러분의 영은 부활했습니까, 부활하지 못했습니까? 거듭난 우리의 영은 이미 부활했습니다. 그런데 우리의 육은 주님께서 다시 오실 날을 기다리며 신음하고 있습니다. 주님께서 다시 오시는 그날에 우리는 부활의 몸을 입고 공중으로 끌려 올라가서 주님과 함께 공중 혼인잔치를 벌일 것입니다. 주님은 당신의 신부들을 모두 들어 올린 후에, 이 땅에 일곱 대접의 진노를 부으셔서 이 땅을 초토화시킬 것입니다. 그리고 주님께서는 만물을 새롭게 하신 후에 지상에 재림하셔서 의인들과 함께 천 년 동안 왕으로 이 땅을 다스릴 것입니다. 그것이 천년왕국(千年王國)입니다. 천 년이 차면 주님께서는 죽은 자들을 영생의 몸으로 부활시켜서 최후의 심판을 하십니다. 하나님의 말씀을 대적하고 사단 마귀의 **"허탄과 거짓말"**(잠 30:8)을 좇은 자들을 심판해서 사단과 함께 영원히 꺼지지 않는 지옥 불에 처넣을 것입니다. 그리고 우리 주님은 의인들과 함께 영원한 천국인 새 하늘과 새 땅으로, 위로부터 내려오는 새 예루살렘 성으로, 들어가서 영원토록 복락을 누리게 될 것입니다.

산 자의 하나님

하나님은 **"산 자의 하나님"**입니다. 하나님은 죽은 자, 즉 죄인들의 하나님이 아니라 거듭난 의인들의 하나님입니다. 하나님께서는 우리 의인들의 하나님이기 때문에 우리의 머리카락까지 센 바 되시고 우리의 기도를 들으십니다.

하나님은 산 자의 하나님입니다. 하나님께서는 죄인의 기도를 듣지 않으십니다. **"여호와의 손이 짧아 구원치 못하심도 아니요 귀가 둔하여 듣지 못하심도 아니라 오직 너희 죄악이 너희와 너희 하나님 사이를 내었고 너희 죄가 그 얼굴을 가리워서 너희를 듣지 않으시게 함이니 이는 너희 손이 피에, 너희 손가락이 죄악에 더러웠으며 너희 입술은 거짓을 말하며 너희 혀는 악독을 발함이라"**(사 59:1-3). 하나님께서는 의인들의 기도를 들으십니다. 의인들의 간구는 역사하는 힘이 많습니다(약 5:16).

혹시 여러분 중에 아직도 마음에 죄가 있는 **"죽은 자"**가 계십니까? 주님께서 **"하나님은 죽은 자의 하나님이 아니요 산 자의 하나님이시니라"**라고 말씀하셨으면 여러분도 속히 **"산 자,"** 즉 거듭난 의인의 회중(會衆)에 들어가야 합니다. 그러기 위해서는 자기의 생각을 벗어버리고, 하나님께서 우리에게 주신 진리의 원형복음을 믿어야 합니다. 그래야만 여러분은 **"죄 사함으로 말미암는 구원"**(눅 1:77)을 받고 생령(生靈)이 됩니다.

하나님은 죽은 자의 하나님이 아니라 산 자의 하나님입니다.

말씀을 마쳤습니다.

의인이라야 의의 계명을 지킬 수 있다

"예수께서 사두개인들로 대답할 수 없게 하셨다 함을 바리새인들이 듣고 모였는데
 그 중에 한 율법사가 예수를 시험하여 묻되
 선생님이여 율법 중에 어느 계명이 크니이까
 예수께서 가라사대 네 마음을 다하고 목숨을 다하고 뜻을 다하여 주 너의 하나님을 사랑하라 하셨으니
 이것이 크고 첫째 되는 계명이요
 둘째는 그와 같으니 네 이웃을 네 몸과 같이 사랑하라 하셨으니
 이 두 계명이 온 율법과 선지자의 강령이니라
 바리새인들이 모였을 때에 예수께서 그들에게 물으시되
 너희는 그리스도에 대하여 어떻게 생각하느냐 뉘 자손이냐 대답하되 다윗의 자손이니이다
 가라사대 그러면 다윗이 성령에 감동하여 어찌 그리스도를 주라 칭하여 말하되
 주께서 내 주께 이르시되 내가 네 원수를 네 발 아래 둘 때까지 내 우편에 앉았으라 하셨도다 하였느냐
 다윗이 그리스도를 주라 칭하였은즉 어찌 그의 자손이 되겠느냐 하시니
 한 말도 능히 대답하는 자가 없고 그 날부터 감히 그에게 묻는 자도 없더라"(마 22:34-46).

바리새인들과 사두개인들은 끊임없이 예수님을 시험하고 주님

의 말씀에 도전했습니다. 그들은 자기들의 종교적 신념에 집착하여 주님께서 들려주시는 진리의 말씀을 도무지 듣고자 하지 않았습니다. 그들은 자기의 생각과 욕망을 좇는 종교인들입니다. 오늘날의 종교인들도 그들과 마찬가지입니다. 예수님 시대에 유대교의 주류를 이뤘던 바리새인들이나 사두개인들처럼, 지금의 기독교 안에는 현대판 바리새인들과 현대판 사두개인들이 가득합니다. 자기가 율법을 가장 잘 지킨다고 자부하며 자기의 의로 하나님을 섬기려고 하는 자들은 현대판 바리새인들입니다. 예수님을 믿으면서 세상에서 출세하고 부자가 되려는 사람들, 즉 예수님을 기복적(祈福的)으로 믿는 사람들은 현대판 사두개인들입니다. 현대판 바리새인들과 현대판 사두개인들은 하나님 말씀을 믿는 것이 아니라 자기가 속한 교단의 교훈을 믿습니다. 그들은 아무리 거룩한 척을 해도 자기 욕망을 좇는 자들에 불과합니다. 예수님 당시의 바리새인들이나 사두개인들이 예수님을 시험하고 핍박했듯이, 현대판 바리새인들과 현대판 사두개인들도 하나님의 종들이 예수님께서 **"물과 피로 임"**(요일 5:6)하셔서 완성하신 진리의 복음을 전해 주면 진리의 말씀을 배척하고 대적합니다.

가장 큰 두 계명

사두개인들이 예수님께 도전했다가 주님의 명쾌한 대답을 듣고서 말문이 막힌 채로 물러갔다는 소문을 듣고, 바리새인 중의 한 율법사가 예수님을 시험하고자 예수님께 나왔습니다. "하룻강아지 범 무서운 줄 모른다"라는 속담이 있습니다. 예수님이 시험을 당할 분입니까? 예수님은 진리의 하나님입니다. 어떤 계략이나 억지 주장으로도 예수님을 이기거나 시험할 수 없습니다.

그 율법사는 자기가 율법에 대해서는 전문가라는 자부심이 충만했습니다. 그래서 그는 **"선생님이여 율법 중에 어느 계명이 크니이까?"** 하고 예수님에게 당당하게 물었습니다. 예수님께서는 **"네 마음을 다하고 목숨을 다하고 뜻을 다하여 주 너의 하나님을 사랑하라 하셨으니 이것이 크고 첫째 되는 계명이요 둘째는 그와 같으니 네 이웃을 네 몸과 같이 사랑하라 하셨으니 이 두 계명이 온 율법과 선지자의 강령이니라"**(마 22:37-40)고 분명하게 말씀해 주셨습니다. 강령(綱領)이라는 말은 "핵심이 되는 뜻"이라는 의미입니다. 구약성경은 율법과 선지서로 구성되어 있습니다. 즉 하나님의 모든 말씀을 요약하고 또 요약하면 이 두 계명으로 함축된다는 말씀입니다.

하나님께서 가장 큰 두 계명을 조금 더 풀어 주신 것이 십계명(十誡命)입니다.

"너는 나 외에는 다른 신들을 네게 있게 말지니라

너를 위하여 새긴 우상을 만들지 말고 또 위로 하늘에 있는 것이나 아래로 땅에 있는 것이나 땅 아래 물 속에 있는 것의 아무 형상이든지 만들지 말며 그것들에게 절하지 말며 그것들을 섬기지 말라 나 여호와 너의 하나님은 질투하는 하나님인즉 나를 미워하는 자의 죄를 갚되 아비로부터 아들에게로 삼 사대까지 이르게 하거니와 나를 사랑하고 내 계명을 지키는 자에게는 천대까지 은혜를 베푸느니라

너는 너의 하나님 여호와의 이름을 망령되이 일컫지 말라 나 여호와는 나의 이름을 망령되이 일컫는 자를 죄 없다 하지 아니하리라

안식일을 기억하여 거룩히 지키라 엿새 동안은 힘써 네 모든 일을 행할 것이나 제 칠 일은 너의 하나님 여호와의 안식일인즉 너나 네 아들이나 네 딸이나 네 남종이나 네 여종이나 네 육축이나 네 문 안에 유하는 객이라도 아무 일도 하지 말라 이는 엿새 동안에 나 여호와가 하늘과 땅과 바다와 그 가운데 모든 것을 만들고 제 칠 일에 쉬었음이라 그러므로 나 여호와가 안식일을 복되게 하여 그 날을 거룩하게 하였느니라

네 부모를 공경하라 그리하면 너의 하나님 나 여호와가 네게 준 땅에서 네 생명이 길리라

살인하지 말지니라

간음하지 말지니라

도적질하지 말지니라

네 이웃에 대하여 거짓 증거하지 말지니라

네 이웃의 집을 탐내지 말지니라 네 이웃의 아내나 그의 남종이나 그의 여종이나 그의 소나 그의 나귀나 무릇 네 이웃의 소유를 탐내지 말지니라"(출 20:3-17).

십계명 중에서 앞부분의 네 계명은 우리가 하나님께 대하여 지켜야 할 도리입니다. 이 네 계명을 함축(含蓄)하면 "**네 마음을 다하고 목숨을 다하고 뜻을 다하여 주 너의 하나님을 사랑하라**"라는 첫째가는 계명이 되고, "**네 부모를 공경하라**"라는 말씀으로 시작되는 아래 여섯 계명을 함축하면 "**네 이웃을 네 몸과 같이 사랑하라**"라는 둘째로 큰 계명이 됩니다.

우리가 과연 계명들을 문자적으로 지킬 수 있나?

하나님의 계명은 참으로 거룩하고 선하고 의로운 것입니다. 바리새인들은 자기들이 계명들을 지킬 수 있다고 믿었고 자기들이 율법을 가장 잘 지키는 거룩한 무리라고 자부했습니다. 그런데 과연 우리가 그 계명들을 지킬 수 있냐는 것입니다. 우리는 결코 계명들을 지킬 수 없는 연약한 자들입니다. "간음하지 말지니라"라는 계명 하나만 여러분 자신에게 적용시켜 보십시오. 예수님께서는 이 계명의 수준을 해석해 주시면서, **"또 간음치 말라 하였다는 것을 너희가 들었으나 나는 너희에게 이르노니 여자를 보고 음욕을 품는 자마다 마음에 이미 간음하였느니라"**(마 5:27-28)고 말씀하셨습니다. 하나님은 실제 행위로 간음한 것만을 죄로 여기지 않고 마음으로 음란한 생각을 품은 것도 간음의 죄로 여기십니다. 그렇다면 우리는 날마다 간음하는 자가 아닙니까? 율법은 하나님의 절대선(絶對善)의 기준이며, 따라서 죄를 품고 태어난 연약한 우리가 결코 지킬 수 없는 것이 율법입니다.

율법에 속한 계명들은 **"육체의 예법"**(히 9:10)인데, 우리는 그 계명들을 결코 온전히 지킬 수 없습니다. 그러면 하나님께서 왜 우리가 지킬 수도 없는 율법을 우리에게 주셨습니까? 하나님께서 우리로 하여금 우리가 얼마나 죄 덩어리인 줄을 깨닫게 하기 위해서 율법을 주셨습니다. **"그러므로 율법의 행위로 그의 앞에 의롭다 하심을 얻을 육체가 없나니 율법으로는 죄를 깨달음이니라"**(롬 3:20). 율법을 지켜서 하나님 앞에서 의롭다고 인정을 받을 사람은 결코 없습니다. 율법의 첫 번째 기능은 우리가 죄인임을 깨닫게 하는 것입니다. 하나님께서는 우리 자신들이 율법의 거울에 자기를 비춰보고 자기가 지옥 가야 할 비참한 죄인들이라는 사실을 깨닫게 하시고자 우리에게 율법을 주셨습니다.

율법이 요구하는 것은 **"우리의 거룩함"**입니다. 그런데 우리의 육신은 연약해서 날마다 죄만 짓습니다. 그러면서도 자기가 지옥에 가야 할 죄인인 줄을 깨닫지 못하기 때문에 하나님께서는 우리에게 율법을 주셨는데, **"이는 계명으로 말미암아 죄로 심히 죄되게 하려함"**(롬 7:13)이었습니다. 그래서 마음이 정직한 자는 율법 앞에서 **"오호라 나는 곤고한 사람이로다 이 사망의 몸에서 누가 나를 건져 내랴"**(롬 7:24) 하고 자기의 비참함을 탄식하며 하나님께서 자기와 같은 자를 불쌍히 여기셔서 구원해 달라고 간청하게 됩니다. 그렇게 자기의 비참한 모습을 깨닫고 하나님의 긍휼을 바라는 사람이 바로 **"심령이 가난한 자"**(마 5:3)입니다. 심령이 가난한 자는 "주님, 주님께서 저를 불쌍히 여기셔서 구원해 주시지 않으면 저는 결코 지옥의 심판을 피할 수 없습니다. 주님, 저를 불쌍히 여겨 주십시오" 하고 주님 앞에 항복하는 자입니다. 그리고 주님께서 **"심령이 가난한 자는 복이 있나니 천국이 저희 것임이요"**(마 5:3)라고 말씀하신 대로, 자기의 의가 거덜난 자라야 **"죄 사함으로 말미암는 구원"**(눅 1:77)을 받고 천국의 영생을 얻게 됩니다.

심령이 가난한 자들에게 베푸신 하나님의 구원

"그러므로 이제 그리스도 예수 안에 있는 자에게는 결코 정죄함이 없나니 이는 그리스도 예수 안에 있는 생명의 성령의 법이 죄와 사망의 법에서 너를 해방하였음이라 율법이 육신으로 말미암아 연약하여 할 수 없는 그것을 하나님은 하시나니 곧 죄를 인하여 자기 아들을 죄 있는 육신의 모양으로 보내어 육신에 죄를 정하사 육신을 좇지 않고 그 영을 좇아 행하는 우리에게 율법의 요구를 이루어지게 하려 하심이니라"(롬 8:1-4).

우리는 육신이 너무너무 연약해서 율법을 지킬 수 없고 **"율법의 요구"**인 거룩함을 이룰 수 없었는데, 하나님께서 우리를 불쌍히 여기셔서 우리를 죄에서 구원하시려고 당신의 아들을 대속(代贖)의 어린양으로 보내 주셨습니다. **"곧 (우리의) 죄를 인하여 자기 아들을 죄 있는 육신의 모양으로 보내어 육신에 죄를 정하사"**(롬 8:3) ―하나님 아버지께서는 흠 없는 제물로 오신 예수님이 인류의 대표자인 세례 요한에게 안수(按手)의 형식으로 세례를 받게 하셔서 예수님의 육신에 인류의 모든 죄를 넘겨서 정(定)했습니다. 예수님께서는 받으신 세례로 이 세상의 모든 죄와 허물을 온전히 짊어지시고 십자가에 못 박혀 피를 흘려 돌아가심으로 우리의 모든 죄와 허물을 온전히 없애 주셨습니다. **"율법의 요구"**인 거룩함을 우리 스스로는 결코 이룰 수 없었는데, **"물과 피로 임"**(요일 5:6)하신 예수님께서 우리를 온전히 거룩하게 만들어 주셨습니다. 율법을 지키는 방법으로는 결코 거룩함을 이룰 수 없었던 죄인들이 **"물과 피로 임"**(요일 5:6)하신 예수님의 구원사역을 믿음으로 단번에 거룩함을 얻게 되었습니다. 죄인 괴수였던 자들이 하나님의 은혜의 복음을 믿음으로 죄 사함을 받고 단번에 의인되는 역사가 바로 거듭남의 축복이며 원형복음(原形福音) 안에 담긴 구원의 비밀입니다.

새 계명의 수종자들

그러면 **"물과 피의 복음"**을 믿음으로 율법의 저주에서 벗어난 의인들은 이제는 더 이상 율법과는 상관이 없는 자들이 되었습니까? 그렇지 않습니다. **"이제는 우리가 얽매였던 것에 대하여 죽었으므로 율법에서 벗어났으니 이러므로 우리가 영의 새로운 것으로 섬길 것이요 의문의 묵은 것으로 아니할지니라"**(롬 7:6). 거듭난 의인들은 이제부터 율법을 **"영의 새로운 것"**으로 깨닫고 준행합니다.

"의문의 묵은 것"이란 문자적 규례로서의 율법을 의미합니다. 거듭난 의인들에게는 율법이 **"육체의 예법만"**(히 9:10) 되는 것이 아니라 율법 안에 담긴 하나님의 뜻을 영적으로 깨닫고 좇게 되었습니다. 이제부터 의인들에게는 율법이 **"의문의 묵은 것"**이 아니라 **"영의 새로운 것"**으로 승화(昇華)되었습니다. **"영의 새로운 것"**이 바로 주님께서 말씀하신 **"새 계명"**입니다. 예수님께서 잡히시던 날, 제자들의 발을 씻겨 주신 후에 **"새 계명을 너희에게 주노니 서로 사랑하라 내가 너희를 사랑한 것같이 너희도 서로 사랑하라"**(요 13:34)고 명하셨습니다. 거듭난 자들에게 주신 새 계명은 **"서로 사랑하라"**라는 말씀인데, 새 계명이 **"영의 새로운 것"**입니다.

우리가 죄 사함 받아서 우리의 영혼은 거룩해졌지만, 우리의 육체는 여전히 연약하고 이기적입니다. 그러니 우리는 우리의 이웃을 **"내 몸같이"** 사랑할 수 없는 자들입니다. 그러나 주님께서 기뻐하시는 사랑은 소외되고 결핍된 이웃을 육신적으로 섬기고 돌보는 육신적인 사랑이 아닙니다. 주님께서 거듭난 의인들에게 준행하라고 명하신 새 계명의 사랑은 죄인들의 영혼이 하나님의 은혜를 입어서 천국의 영생을 누리도록 인도하고 섬기는 **"진리의 사랑"**(살후 2:10)입니다. 저도 거듭나기 전에는 "사랑"이란 다른 사람을 위해서 무조건 나를 희생하고 가난한 이들을 육신적으로 도와주는 것인 줄로만 알았습니다. 그래서 고아도 데려다가 양자를 삼고 상록이라는 정신이 온전하지 못한 거지 청년을 집에 데리고 와서 목욕을 시키고 밥을 먹여서 보내기도 했습니다. 그날 저는 상록이의 엉덩이에 붙어 있는 똥을 닦아 주면서 얼마나 헛구역질을 했는지 모릅니다. 그런데 밥을 먹인 후에, 우리 집에서 나가지 않으려던 그 거지 청년의 등을 떠밀고 철문을 닫으면서 하나님 앞에 "주님, 저를 용서해 주십시오. 저는 상록이를 제 몸과 같이 사랑할 수 없는 자입니다" 하고 기도할 수밖에 없었습니다. 그런데 진리의 복음으로 거듭난 후에 하나님께서 우리에게 말씀하신 사랑은 육신적인 사랑이 아니라 **"진리의 사랑"**이라는 사실을 깨닫게 되었습니다.

우리가 거듭나기 전에는, 육체의 예법만 되었던 **"의문에 속한 계명의 율법"**(엡 2:15)을 결코 지킬 수 없었습니다. 그러나 우리가 거듭난 후에는 하나님의 모든 말씀이 영이고 생명인 줄 알게 되었습니다. 이제는 하나님께서 말씀하신 사랑이란 우리가 거듭나기 전에 알았던 육신의 사랑이 아님도 알게 되었습니다. 우리가 거듭나기 전에는 다른 사람을 위해서 무조건 희생하고 가난한 이들을 도와주고 억울한 일을 당해도 무조건 내가 참고 용납하는 것이 사랑인 줄 알았는데, 성경은 진정한 사랑이란 그런 것이 아니라고 말씀합니다. 거듭난 자들만이 하나님께서 말씀하신 사랑이 무엇인지를 압니다. 성경에서 말씀하는 사랑은 **"진리의 사랑"**(살후 2:10)입니다.

"악한 자의 임함은 사단의 역사를 따라 모든 능력과 표적과 거짓 기적과 불의의 모든 속임으로 멸망하는 자들에게 임하리니 이는 저희가 진리의 사랑을 받지 아니하여 구원함을 얻지 못함이니라"(살후 2:9-10).

거듭난 의인들은 **"진리의 사랑"**이 무엇인지를 압니다. 그러나 구원을 받지 못한 사람들은 **"진리의 사랑"**이 무엇인지를 전혀 모릅니다. **"진리"**가 무엇인지조차 모르는데 어떻게 **"진리의 사랑"**을 알겠습니까? 사단 마귀는 거듭나지 못한 채로 예수님을 믿는 기독 죄인들(Christian sinners) 가운데서 **"모든 능력과 표적과 거짓 기적과 불의의 모든 속임으로"** 역사합니다. 능력과 표적과 거짓 기적을 좇으며 교인들의 세속적인 욕망을 만족시켜 주는 온갖 거짓 설교들이 기독교라는 종교의 세계에 만연되어 있습니다. 그런 종교의 세계에서는 **"진리의 사랑"**을 찾아볼 수 없습니다.

복음의 진리로 영혼들이 천국의 영생을 누리도록 인도하고 돌보고 양육하는 사랑이 **"진리의 사랑"**이며 그것이 진정한 사랑입니다. 가난하고 소외된 사람들을 육신적으로 돌보는 일도 아름다운 일입니다. 그러나 이웃을 육신적으로 돌보는 선에서 끝나는 사랑은 **"진리의 사랑"**이 아닙니다. 기부금을 내서 굶어 죽어 가는 사람들을 구제한들, 만일 그들이 천국의 영생을 얻지 못한다면 그런 희생과 봉사는 하나님 앞에서 별로 의미가 없습니다. 오늘 돌아보지 않았다면 길거리에서 얼어 죽을 사람을 데려다가 따뜻한 음식을 먹이고 돌보아 주어서 그 다음날 죽게 했다면 그것은 육신의 사랑을 베푼 것에 불과합니다. 그러한 사랑은, 극단적으로 말하자면, 하루 일찍 지옥 갈 사람을 하루 늦게 지옥 가도록 수고한 것에 불과합니다.

성경이 말씀하는 사랑, 주님께서 기뻐하시는 사랑은 **"진리의 사랑"**입니다. 그리고 진리의 사랑은 육신적인 사랑과 거리가 멉니다. 자기를 희생해서 육신적인 사랑을 아무리 많이 베풀어도 그것이 진리의 복음으로 영혼들을 섬기는 사랑을 지향(志向)하지 않았다면 그런 사랑은 아무것도 아닙니다. 그래서 사도 바울은 "내가 사람의 방언과 천사의 말을 할지라도 사랑이 없으면 소리 나는 구리와 울리는 꽹과리가 되고 내가 예언하는 능이 있어 모든 비밀과 모든 지식을 알고 또 산을 옮길 만한 모든 믿음이 있을지라도 사랑이 없으면 내가 아무 것도 아니요 내가 내게 있는 모든 것으로 구제하고 또 내 몸을 불사르게 내어 줄지라도 사랑이 없으면 내게 아무 유익이 없느니라"(고전 13:1-3)고 선포한 것입니다. 남을 구하기 위해서 자기 목숨을 버리면서까지 불속으로 뛰어들었다면 그것이 얼마나 큰 희생이며 살신성인의 사랑입니까? 그런데도 성경은 그러한 큰 희생에도 **"사랑이 없으면"** 아무것도 아니라고 말씀합니다. 우리가 아무리 남을 위해서 희생과 봉사를 아끼지 않을지라도 그것이 **"진리의 사랑"**을 지향한 것이 아니라면 그러한 희생과 봉사는 하나님 앞에서 아무것도 아닙니다.

"의인이라야 그 도에 행하리라"

"네 이웃을 네 몸과 같이 사랑하라"라는 둘째가는 계명의 사랑도 육신적인 사랑을 의미하는 것이 아니라 **"진리의 사랑"**을 의미합니다. 그리고 거듭난 자만이 진정으로 이웃을 사랑할 수 있습니다. 하나님께로부터 진리의 사랑을 받은 자만이 진리의 사랑을 할 수 있습니다. 아직 거듭나지 못한 자들은 이웃을 진정으로 사랑하지 못합니다. 진리의 사랑이 무엇인지도 모르는데 어떻게 진리의 사랑을 베풀 수 있겠습니까? 하나님께서는 물과 피의 복음으로 우리의 모든 죄를 깨끗이 씻어 주셔서 우리가 천국의 영생을 얻게 하셨습니다. 그리고 진리의 사랑을 받은 자들은 **"영의 새로운 것"**

즉 새 계명으로 주님을 섬깁니다. 거듭난 성도들의 마음에는 성령께서 내주(來住)하시기 때문에, 주님이 진리의 사랑을 베풀라고 우리를 부르셨다는 사실을 깨닫고 그 사랑을 위해서 자기를 드립니다. 거듭난 자들이 능히 **"영의 새로운 것"**으로 섬길 수 있도록 하나님께서 성령님을 우리의 마음에 임하게 하셨습니다.

"누가 지혜가 있어 이런 일을 깨달으며 누가 총명이 있어 이런 일을 알겠느냐 여호와의 도는 정직하니 의인이라야 그 도에 행하리라 그러나 죄인은 그 도에 거쳐 넘어지리라"(호 14:9). 하나님의 도(道)는 진리의 말씀입니다. 하나님의 말씀은 **"네 마음을 다하고 목숨을 다하고 뜻을 다하여 주 너의 하나님을 사랑하라"**라는 계명과 **"네 이웃을 네 몸과 같이 사랑하라"**라는 가장 큰 두 계명으로 축약할 수 있습니다. 그런데 성경이 말씀하는 사랑은 **"진리의 사랑"**이므로, 오직 거듭난 의인이라야 하나님의 계명을 **"영의 새로운 것"**으로 받아서 행할 수 있습니다. 거듭나지 못한 죄인들은 죽었다 깨어나도 새 계명을 지킬 수 없습니다. 새 계명이 무엇인지를 알지도 못하는 죄인들이 어떻게 **"진리의 사랑"**으로 영혼들을 섬길 수 있겠습니까? **"보라 아버지께서 어떠한 사랑을 우리에게 주사 하나님의 자녀라 일컬음을 얻게 하셨는고, 우리가 그러하도다 그러므로 세상이 우리를 알지 못함은 그를 알지 못함이니라"**(요일 3:1). 아버지 하나님께서 우리에게 베푸신 **"어떠한 사랑"**이 바로 진리의 사랑입니다. 우리는 그 **"어떠한 사랑"**을 입은 자들입니다. 그래서 거듭난 의인이라야 **"어떠한 사랑"**을 베풀 수 있습니다.

예수님은 창조주 하나님입니다

바리새인들이 모였을 때에 예수님께서 "그리스도가 누구냐?"라고 그들에게 물으셨습니다. 그들은 다윗의 자손이라고 대답했습니다. 예수님께서는 다윗이 노래한 시편의 말씀을 인용하시면서 "**그러면 다윗이 성령에 감동하여 어찌 그리스도를 주라 칭하여 말하되 주께서 내 주께 이르시되 내가 네 원수를 네 발 아래 둘 때까지 내 우편에 앉았으라 하셨도다 하였느냐 다윗이 그리스도를 주라 칭하였은즉 어찌 그의 자손이 되겠느냐**"(마 22:43-45) 하고 그들을 깨우쳐 주셨습니다.

다윗의 찬양 중에, "**주께서 내 주께 이르시되**"라는 말씀은 "하나님 아버지께서 그리스도이신 성자(聖子)하나님에게 말씀하시기를"이라는 뜻입니다. 다윗이 그리스도를 주라 칭하였으니 그리스도가 다윗의 자손일 리가 없습니다. 예수님은 하나님 아버지의 독생자(獨生子)이신 성자(聖子) 하나님입니다. 성부(聖父)와 성자(聖子)와 성령(聖靈)—이 세 분은 동일한 하나님입니다. 여호와의 증인들은 예수님을 하나님으로 믿지 않습니다만, 우리는 "예수님은 하나님이심"을 믿습니다. "예수님은 우주가 있기 전부터 하나님 아버지와 함께 계셨으며, 모든 만물을 창조하신 말씀의 하나님입니다. 예수님은 그의 신성(神性)과 능력에 있어서 하나님 아버지와 동일하신 하나님입니다. 예수님은 "**하나님의 영광의 광채시요 그 본체의 형상이시라 그의 능력의 말씀으로 만물을 붙드시며 죄를 정결케 하는 일을 하시고 높은 곳에 계신 위엄의 우편에 앉으**"(히 1:3)신 하나님입니다. 그리고 장차 당신의 원수들을 심판하시고 당신의 백성들을 천국 영생으로 인도하시러 이 땅에 다시 오실 것입니다.

할렐루야!
말씀을 마쳤습니다.

주 앞에서 마음을 낮추라

"이에 예수께서 무리와 제자들에게 말씀하여 가라사대
서기관들과 바리새인들이 모세의 자리에 앉았으니
그러므로 무엇이든지 저희의 말하는 바는 행하고 지키되 저희의 하는 행위는 본받지 말라 저희는 말만 하고 행치 아니하며
또 무거운 짐을 묶어 사람의 어깨에 지우되 자기는 이것을 한 손가락으로도 움직이려 하지 아니하며
저희 모든 행위를 사람에게 보이고자 하여 하나니 곧 그 차는 경문을 넓게 하며 옷술을 크게 하고
잔치의 상석과 회당의 상좌와
시장에서 문안 받는 것과 사람에게 랍비라 칭함을 받는 것을 좋아하느니라
그러나 너희는 랍비라 칭함을 받지 말라 너희 선생은 하나이요 너희는 다 형제니라
땅에 있는 자를 아비라 하지 말라 너희 아버지는 하나이시니 곧 하늘에 계신 자시니라
또한 지도자라 칭함을 받지 말라 너희 지도자는 하나이니 곧 그리스도니라
너희 중에 큰 자는 너희를 섬기는 자가 되어야 하리라
누구든지 자기를 높이는 자는 낮아지고 누구든지 자기를 낮추는 자는 높아지리라"(마 23:1-12).

여러분 안녕하셨습니까?
요즘 날이 조금 추워졌습니다. 이제 머지않아 동지(冬至)가 됩

니다. 해가 많이 짧아져서 저녁 6시만 돼도 매우 어둡습니다. 이렇게 낮이 짧아지는 것을 보면서, 제 인생의 남은 촛동가리도 점점 짧아지고 있다고 생각하니 제 마음은 참으로 조급합니다. 진리의 복음을 전 세계에 전파하고자 하는 마음이 간절하기 때문입니다. 그러나 저는 은혜를 주시는 만큼 주님의 일을 하다가 주님께서 부르시면 기쁨으로 주님께 가고자 합니다. 하나님께서 은혜를 주시고 동역자들을 일으켜 주셔서 많은 이들에게 복음을 전파하게 하실 줄 믿습니다.

살아 계신 하나님께서는 진정으로 당신을 믿고 경외하는 종들로 하여금 당신의 의의 말씀을 경험하게 하십니다. 히브리서에는 믿음의 장성한 자를 가리켜 **"의의 말씀을 경험"**(히 5:13)한 자라고 기록되어 있습니다. 하나님 말씀을 믿음으로 주님의 약속의 말씀이 자기의 삶 가운데 이루어지는 것을 경험하는 사람이 영적으로 장성한 사람입니다. 장성한 자들은 하나님을 눈으로 보는 것같이 믿지만, 영적으로 어린 자들은 아직 그렇지 못합니다. 장성한 자들은 전능하신 하나님께서 항상 자신을 지키시고 돕는다는 사실을 믿기 때문에, 어떤 어려움이 닥쳐도 그렇게 많이 요동하지는 않습니다. 장성한 성도는 어려움을 겪게 되면 잠시 요동하다가도 주님을 믿음으로 다시 일어나서 담대하게 하나님의 말씀을 따라갑니다.

우리에게는 하나님의 **"의의 말씀을 경험"**(히 5:13)한 간증이 참으로 많습니다. 도저히 될 수 없는 일들이 이루어지는 것을 우리는 무수히 경험했습니다. 그렇기 때문에 우리의 믿음은 살아 있는 믿음입니다. 성경에 기록된 믿음의 선배들이 의뢰했던 살아 계신 하나님을 우리도 동일하게 눈으로 보는 것같이 믿습니다. 어제나 오늘이나 동일하신 하나님께서 살아 계셔서, 우리의 믿음을 기뻐하시고 우리가 바라는 것이나 구하는 것에 능히 넘치도록 공급하십니다. 강 집사님이 함께 복음을 섬기고자 제주에 내려오셨는데, 제주의 물가가 전에 사시던 인천에 비해서 너무 비싸다고 말씀하셨습니다. 그래서 강 집사님은 주변에 값이 싼 야채 가게가 하나 생겼으면 좋겠다고 생각만 했답니다. 누가 그런 제목으로 기도를 하겠어요? 그런데 얼마 안 되어 강 집사님 집 앞에 야채 도매상이 문을 열었습니다. 젊은 부부가 주로 호텔이나 대형 음식점 등에 야채나 과일을 공급하기 위해서 냉동창고를 갖추고 야채 할인점의 문을 열었답니다. 거기는 주택가 복판이어서 그런 야채상이 들어설 자리가 아닙니다. 그런데 강 집사님 얘기로는 제일 좋은 물건들을 아주 싼 값에 살 수 있게 되었답니다. 하나님을 경외하는 믿음의 자녀들이 어떤 것을 생각만 해도 하나님께서는 역사하십니다.

우리의 믿음은 이론이 아닙니다. 또 우리의 하나님은 화석(化石)처럼 굳어진 채로 박물관에나 계신 하나님이 아닙니다. 하나님은 이 시간에도 우리와 함께 일하시는 살아 계신 하나님입니다. 하나님께서는 우리를 구원하시려고 당신의 외아들까지도 아낌없이 내어 주셨습니다. "**자기 아들을 아끼지 아니하시고 우리 모든 사람을 위하여 내어주신 이가 어찌 그 아들과 함께 모든 것을 우리에게 은사로 주지 아니하시겠느뇨**"(롬 8:32). 하나님께서 우리를 위해서 당신의 외아들도 아낌없이 주셨거늘 하물며 당신 백성들이 의의 일을 위해서 어떤 것이 필요하다는데, 어찌 하나님께서 그것을 선물로 주시지 않겠습니까? 그러므로 여러분, 살아 계신 하나님을 믿고 담대히 구하십시오! "**너희는 먼저 그 나라와 그의 의를 구하라 그리하면 이 모든 것을 너희에게 더하시리라**"(마 6:33)고 말씀하셨습니다. 저는 이 약속의 말씀을 붙들고 여기까지 왔습니다. 그리고 이 약속의 말씀이 성취되는 것을 무수히 경험했습니다. "복음을 전파하기 위해서 이렇게 되면 좋겠다"라고 저는 그냥 생각만 했는데도, 하나님께서 그런 일들을 허락해 주신 것을 저는 수없이 경험했습니다.

경건한 척하는 율법주의자들

예수님은 오늘의 본문에서 서기관과 바리새인들을 본받지 말라고 제자들에게 가르치셨습니다. 서기관(書記官, scribes)은 지금으로 치면 공무원들입니다. 이스라엘은 제정일치(祭政一致)의 나라, 즉 종교와 정치가 하나의 체계로 작동하는 나라였기 때문에 종교적으로 검증된 사람들을 뽑아서 서기관으로 삼았습니다. 서기관들은 당시에 관원이었으니 백성들의 존경을 받았습니다. 바리새인들은 율법을 중시하고 준행하는 자들입니다. 바리새인들이 그 당시의 주류 종교인들이니까 많은 서기관이 바리새인 중에서 나왔습니다.

그런데 예수님께서는 서기관들과 바리새인들을 비판하시고 이들을 본받지 말라고 제자들에게 말씀하셨습니다. 그들은 백성들에게 율법의 짐을 잔뜩 지워 주고 정작 자기들은 율법을 준행하지 않았기 때문입니다. 그들은 사람들로부터 존경을 받는 것만 좋아했습니다. 그들은 자기들이 경건한 척, 하나님을 가장 사랑하는 척하며 말만 번듯하게 하고 자기의 말한 바를 스스로는 전혀 지키지 않았습니다. 말하자면, 입술로만 경건한 척하는 대표적인 사람들이 바리새인과 서기관들이었습니다. "말로 떡을 하면 조선팔도가 다 먹고도 남는다"라는 우리나라 속담이 있습니다. 참으로 재미있는 속담인데, 서기관과 바리새인들이 그런 셈입니다. 한마디로 그들은 입만 까진 자들입니다. 자기들이 하나님을 가장 사랑하며 자기들이 가장 경건하고 희생적인 것처럼 말은 하는데, 실제로는 자기들이 백성들에게 교훈한 말대로 준행하지 않는 자들이 바로 바리새인들과 서기관들이었습니다.

그들은 가죽 주머니를 팔뚝이나 이마에 차고 다녔는데, 그들은 그 주머니에서 성경 구절들을 깨알같이 적은 경문(經文)을 수시로 꺼내서 사람들이 보는 앞에서 읽으며 기도하곤 했습니다. 그들은 자기들의 경건함을 과시하기 위해서 경쟁적으로 더 큰 가죽 주머니를 차기도 했습니다. 그들은 옷소매를 크게 만든 옷을 입고서, 저잣거리에서 창녀나 세리나 문둥병자와 같이 부정(不淨)한 자들을 만나면 자기들의 옷소매로 얼굴을 가리고 지나갔습니다. 그들은 잔칫집에 가면 꼭 상좌(上座)에 올라가 앉고 시장에서도 인사받기를 좋아했습니다.

예수님께서는 **"서기관들과 바리새인들이 모세의 자리에 앉았으니 그러므로 무엇이든지 저희의 말하는 바는 행하고 지키되 저희의 하는 행위는 본받지 말라"**(마 23:2-3)고 말씀하셨습니다. 모세가 누구입니까? 모세는 이스라엘 백성의 인도자이고 선생입니다. 따라서 "모세의 자리에 앉은 자"란 종교지도자들을 일컫는 말입니다. 오늘날 대부분의 종교지도자들도 본받을 것이 별로 없습니다. 그들은 교인들을 끌어모아서 소위 "목회에 성공"하면 먼저 대형 예배당을 짓습니다. 그리고 거기서 왕 노릇을 합니다. 그리고 어떤 이들은 자기 아들에게 대형 교회를 세습해 줍니다. 그들은 돈을 사랑하는 삯꾼이며 강도들입니다. 거듭나지 못한 채로 **"모세의 자리"**에 앉은 자들은 악한 영의 지배 아래 있기 때문에 그럴 수밖에 없습니다. 그래서 주님께서는 외식하는 종교인들을 비난하면서 그들의 아픈 곳을 지적하셨습니다. **"또 무거운 짐을 묶어 사람의 어깨에 지우되 자기는 이것을 한 손가락으로도 움직이려 하지 아니하며"**—기독교가 이렇게 세속화된 것은 기독교인들이 거듭나지 못한 채로 지도자가 되어 탐욕의 함정에 빠졌기 때문입니다. 그러므로 기독교인들은 먼저 하나님 앞에서 **"죄 사함으로 말미암는 구원"**(눅 1:77)을 얻고 거듭나야 합니다. 그러려면 또한 먼저 율법의 말씀으로 냉철하게 자기를 비춰 보아야 합니다.

먼저 율법을 철저하게 행해 봐야 자기가 죄인인 줄 압니다

율법은 의롭고 거룩한 것입니다. 그런데 문제는 "내가 과연 그 의로운 율법을 지킬 수 있느냐"라는 것입니다. 율법을 철저하게 지켜보려고 노력해 본 사람만이 자기가 율법을 지킬 수 없는 자, 즉 연약하고 비참한 존재라는 사실을 인정합니다. 그런데 모세의 자리에 앉은 종교지도자들은 스스로는 율법을 지켜보려고도 하지 않으면서 교인들에게는 철저하게 지키라고 강요합니다. 사도 바울은 율법 앞에 거룩한 삶을 살아보려고 몸부림쳤던 종입니다. 그 결과 자기는 율법을 도저히 지킬 수 없는 연약하고 비참한 존재라는 사실을 깨달았습니다. 그는 자기의 근본 모습을 깨닫고는 **"오호라 나는 곤고한 사람이로다 이 사망의 몸에서 누가 나를 건져 내랴"**(롬 7:24) 하고 탄식했습니다. 이와 같이 누구든지 율법 앞에서 죄인 중에 괴수(魁首)가 되어야만 죄 사함을 받습니다. 그런데 모세의 자리에 앉은 종교지도자들은 스스로 정직하게 율법 앞에 서 보지도 않았습니다.

얼마 전에 몇 분 성도님들과 함께 식사를 하면서 예전에 겪었던 일들을 회상하며 간증을 했었습니다. 우리가 속초에서 사역을 하던 때에, 뇌출혈로 쓰러져서 몸을 전혀 움직이지 못하던 형제를 돌본 적이 있었습니다. 자매님 두 분이 주로 돌봤는데, 저도 강의를 마치고 퇴근하면서 그 형제를 돌보았습니다. 깜깜한 단칸방에 누워 있던 그분은 전신불수(全身不隨)여서 손가락 하나 까딱 못하고 눈만 껌벅껌벅 하고 제대로 말도 하지 못했습니다. 그러니 누가 치워 주지 않으면 그냥 누워서 대소변을 보고 그것을 뭉개고 있었습니다. 그분의 부인은 이미 바람이 나서 집에 들어오지도 않았고, 청소년기의 두 아들들도 대소변 받아 내기가 싫어서 자기 아버지에게 밥과 물을 먹이지 않았습니다. 그래서 우리가 그분을 돌보기 시작했을 때에 그분은 피골이 상접한 상태였습니다.

저희 교회의 자매님들이 매일 그분의 집에 들러서 하나님의 말씀도 전해 주고 밥도 먹이고 얼굴이나 손발을 씻기기도 하면서 섬겼는데, 하루는 냄새가 너무 심해서 이불을 들춰봤더니 바지에 똥을 잔뜩 쌌답니다. 부인 자매님들 둘이서 너무 난감해서 그냥 나오고 싶었는데, **"네 이웃을 네 몸같이 사랑하라"** 하신 예수님의 말씀이 생각나서 그냥 나오지를 못하고 그분의 바지를 벗겨서 다 씻겼답니다. 그냥 빵이나 우유를 먹여 주고 수건에 물을 묻혀서 얼굴을 닦아 주는 일 정도는 그런대로 할 만했습니다. 그런데 똥을 싸서 바지와 엉덩이에 엉겨 붙었는데 누군들 그것을 씻기고 싶겠습니까? 그것도 부인 자매들이 남자의 아랫도리를 닦아 주어야 하니, 그런 일을 기쁨으로 할 사람이 누가 있겠습니까? 그러나 두 자매님들은 **"네 이웃을 네 몸같이 사랑하라"**라는 주님의 말씀을 기억하고, 순종하려고 그 남자의 바지를 벗기고 구역질을 하면서 깨끗이 닦아 주었답니다.

그 부인 자매님 중의 한 분이 지금 저희 교회의 강 집사님입니다. 강 집사님은 그 남자분을 돌보면서 제발 그 사람이 빨리 죽기를 바랬다고 고백했습니다. 저는 강 집사님의 솔직한 고백에 전적으로 공감합니다. 여러분이 만약에 어떤 환자의 똥을 계속해서 치워야 한다면 그 사람이 빨리 죽기를 바라지 않겠습니까? 율법을 철저하게 준행해 본 사람만이 자기는 율법을 지킬 수 없는 자이며, 자기가 얼마나 이기적이며 위선적인 죄인인 줄 알게 됩니다. 거지를 데려다가 목욕을 시키고 같이 밥을 떠먹어 보십시오. 그 거지가 떠먹은 찌개 냄비에 여러분의 숟가락이 자연스럽게 들어갈 것 같습니까? 고아를 데려다가 자기 아이들하고 같이 키워 보십시오. 그 양자를 내 자식과 똑같이 사랑할 수 있을 것 같습니까? 저는 율법대로 살아보려고 몸부림을 치다가 내 꼬락서니가 얼마나 추악하고 위선적인 죄인인지를 깨닫고 탄식했습니다. 진실로 하나님을 경외함으로 율법을 준행하고자 노력했던 사람이라야 자기가 얼마나 이기적이며 추악하고 연약한지를 뼈저리게 인식하고 인정하게 됩니다.

죄인 중에 괴수라야 얻는 구원

"미쁘다 모든 사람이 받을 만한 이 말이여 그리스도 예수께서 죄인을 구원하시려고 세상에 임하셨다 하였도다 죄인 중에 내가 괴수니라 그러나 내가 긍휼을 입은 까닭은 예수 그리스도께서 내게 먼저 일절 오래 참으심을 보이사 후에 주를 믿어 영생 얻는 자들에게 본이 되게 하려 하심이니라"(딤전 1:15-16).

"네 이웃을 네 몸같이 사랑하라"라는 준엄한 율법 앞에 정직한 심령으로 서 본 사람은 자신이 죄인 중에 괴수인 것을 고백합니다. "간음하지 말라"라는 율법의 말씀이 요구하는 거룩함의 수준이 **"여자를 보고 음욕을 품는 자마다 마음에 이미 간음하였느니라"**(마 5:28)는 사실을 아는 사람은 하나님 앞에서 "주여, 저는 날마다 간음하는 자이며 죄인 중에 괴수입니다" 하고 고백할 수밖에 없습니다. 우리는 **"죄인 중에 내가 괴수니라"** 하는 정직한 고백이 있어야 오직 하나님의 은혜로 말미암는 구원을 받습니다. "조금만 죄인"은 **"죄 사함으로 말미암는 구원"**(눅 1:77)을 받지 못합니다. 그런데 모세의 자리에 앉은 종교지도자들은 "너희는 나의 경건함을 보았느냐? 나를 본받고 너희도 나 정도만 돼 봐라!" 하고 자기의 의를 자랑합니다. 무화과 나뭇잎 옷과 같은 자기의 의를 자랑하고 벗지 못하기 때문에 그들은 값없이 주시는 **"하나님의 의"**를 옷 입지 못합니다.

우리 속에는 선하고 거룩한 것이 전혀 없습니다. 물론 우리는 선하게 살기를 원하고 죄를 짓지 않기를 원합니다만, 사실 우리는 선을 행할 능력이 전혀 없는 자들입니다. 그래서 사도 바울은 고백합니다: "내 속 곧 내 육신에 선한 것이 거하지 아니하는 줄을 아노니 원함은 내게 있으나 선을 행하는 것은 없노라 내가 원하는 바 선은 하지 아니하고 도리어 원치 아니하는 바 악은 행하는도다 만일 내가 원치 아니하는 그것을 하면 이를 행하는 자가 내가 아니요 내 속에 거하는 죄니라 그러므로 내가 한 법을 깨달았노니 곧 선을 행하기 원하는 나에게 악이 함께 있는 것이로다 내 속 사람으로는 하나님의 법을 즐거워하되 내 지체 속에서 한 다른 법이 내 마음의 법과 싸워 내 지체 속에 있는 죄의 법 아래로 나를 사로잡아 오는 것을 보는도다 오호라 나는 곤고한 사람이로다 이 사망의 몸에서 누가 나를 건져 내랴 우리 주 예수 그리스도로 말미암아 하나님께 감사하리로다 그런즉 내 자신이 마음으로는 하나님의 법을, 육신으로는 죄의 법을 섬기노라"(롬 7:18-25).

우리 모두는 "마음으로는 하나님의 법을, 육신으로는 죄의 법을" 섬기는 자들입니다. 우리는 하나님 앞에서 의롭고 선하고 거룩하게 살기를 간절히 원합니다. 그런데 우리의 육체 안에는 이기적이고 정욕적인 다른 한 법이 있습니다. 그것이 바로 **"죄의 법"**입니다. 우리는 죽을 때까지 죄를 짓는 존재들입니다. 그러니 우리의 모습 그대로는 하나님의 심판을 피할 길이 전혀 없습니다. 우리는 육체 안에 있는 죄의 법이 끊임없이 우리를 육체의 죄 가운데로 끌고 가는 것을 보면서, 우리도 사도 바울처럼 **"오호라 나는 곤고한 사람이로다 이 사망의 몸에서 누가 나를 건져 내랴"** 하고 탄식할 수밖에 없습니다. 이렇게 자기의 근본 모습을 정직하게 시인하고 자기를 긍휼히 여겨 달라고 하나님께 간청하는 자라야 구원의 은총을 입습니다. 그런 자가 **"자기를 낮추는 자"**(마 23:12)입니다. 하나님은 **"자기를 낮추는 자"**(마 23:12)를 진리의 원형복음으로 만나 주셔서 그의 모든 죄를 단번에 씻기시고 결코 정죄함이 없는 하나님의 의의 옷을 입혀 주십니다.

"오호라 나는 곤고한 사람이로다"라는 탄식은 죄 사함을 받기 전뿐만 아니라 죄 사함을 받은 후에도 우리의 허물이 드러날 때마다 시인할 수밖에 없는 우리의 고백입니다. **"죄인 중에 내가 괴수니라"**(…sinners; of whom I am chief. KJV)고 사도 바울이 고백했는데, 그 고백의 시제(時制)가 현재형입니다. 우리에게 임한 복음의 은총을 빼놓고 보면, 거듭난 사람이라도 육신적으로는 여전히

"죄인 중의 괴수"입니다. 사람이 거듭난 후에도 육체의 더러운 것은 제해지지 않습니다. 모든 죄를 단번에 없애 주신 하나님의 은혜가 임해서 나 같은 죄인 괴수(魁首)가 죄 사함을 받고 거듭난 것이지, "물과 피의 복음"을 믿음으로 거듭났다고 "죄의 법"이 우리의 육체에서 사라진 것은 아닙니다. 그래서 성경은 **"물은 예수 그리스도의 부활하심으로 말미암아 이제 너희를 구원하는 표니 곧 세례라 육체의 더러운 것을 제하여 버림이 아니요 오직 선한 양심이 하나님을 향하여 찾아가는 것이라"**(벧전 3:21)고 말씀합니다. 우리가 예수님께서 **"물과 피로 임"**(요일 5:6)하셔서 인류의 모든 죄를 단번에 없애 주신 진리의 복음을 믿어서 모든 죄의 사함을 받았지만, 그렇다고 해서 우리의 **"육체의 더러운 것"**이 근본적으로 제해진 것은 결코 아닙니다. 우리는 여전히 자기만 사랑하고 여전히 욕망을 좇아가기도 하지 않습니까? 육신적으로 보면, 우리는 여전히 그런 자들입니다. 다만 한 가지 달라진 것은, 비록 우리의 육체는 여전히 부족하고 연약해도 이제는 진리의 복음 안에서 죄가 없기 때문에 이 복음으로 다른 영혼들을 구원하는 일을 가장 귀하게 여기고 그 선한 일에 자신을 기뻐하며 드리게 되었다는 점입니다. 우리는 비록 여전히 죄를 지을 수밖에 없을지라도 이제는 우리의 **"선한 양심이 하나님을 향하여 찾아가는"** 삶을 살게 되었습니다.

　죄 사함을 받은 후에도 우리의 육체는 변한 것은 아무것도 없습니다. 다만 자기의 근본 모습을 바라보며 **"오호라 나는 곤고한 사람이로다"**라고 탄식할 때마다 하나님께서 나를 사랑하셔서 구원해 주신 진리의 복음이 더욱더 감사하고 선명해집니다. 우리는 자기가 얼마나 더럽고 추악한 죄인인지를 알면 알수록 복음의 능력과 은혜는 점점 더 크고 선명해져서 하나님께 감사와 찬양을 드릴 수밖에 없습니다. 모세의 자리에 앉은 종교지도자들은 자기가 경건한 자인 척하며 교인들을 미혹합니다. 종교의 세계에서는 그렇게 자기를 높이는 자들이 어리석은 교인들을 미혹하고 지배합니다. 그러나 믿음의 세계에서는 어떤 자가 큰 자입니까? 자기가 얼마나 더럽고 추악한 죄 덩어리인 줄을 아는 자, 즉 **"자기를 낮추는 자"**가 큰 자입니다. **"너희를 떠낸 반석과 너희를 파낸 우묵한 구덩이를 생각하여 보라"**(사 51:1)는 말씀대로, 우리는 사실 자기의 근본 모습을 잊지 말아야 합니다. 저와 여러분들이 구원받을 만한 구석이 전혀 없었는데, 하나님께서 우리를 불쌍히 여기셔서 일방적인 희생으로 우리를 모든 죄에서 구원해 주신 것입니다. 주님께서 우리를 일방적으로 구원해 주시지 않았다면 아무 육체도 죄로부터 구원을 받을 수 없기에, 주님께서 **"물과 피로 임"**(요일 5:6)하셔서 우리의 모든 죄를 단번에 없애 주셨습니다.

자기를 낮추는 자가 영적으로 큰 자입니다

"너희 중에 큰 자는 너희를 섬기는 자가 되어야 하리라 누구든지 자기를 높이는 자는 낮아지고 누구든지 자기를 낮추는 자는 높아지리라"(마 23:11-12).

자기를 높이는 자란 어떠한 사람을 지칭하는 말씀입니까? 그들은 **"모세의 자리"**에 앉은 종교지도자들입니다. 그들은 "나는 너보다 낫다. 너희는 나만큼만 되어 보아라" 하고 자기를 자랑하며 높입니다. 그런 자들이 종교의 세계에서는 높임을 받고 득세(得勢)합니다. 그러나 믿음의 세계에서는 아무것도 된 것이 없으면서 무언가 자기가 대단한 존재인 줄로 착각하는 자들, 즉 자기를 높이는 자들이 머저리들이며 꼴찌들입니다.

믿음의 세계에서는, 자기가 얼마나 부족하고 연약한 존재인지를 정직하게 시인하며 "하나님, 저는 아무짝에도 쓸모가 없는 자입니다. 저는 만물보다 거짓되고 부패한 존재입니다. 저를 불쌍히 여겨 주십시오" 하고 자기를 낮추는 자가 큰 자입니다. 자기 꼬락서니를 알고 정직하게 시인하는 자가 믿음의 세계에서는 큰 자입니다. "**너희 중에 큰 자는 너희를 섬기는 자가 되어야 하리라**"(마 23:11). 믿음의 세계에서 그런 자들이 다른 영혼들을 진정으로 섬깁니다. 자기와 같은 죄 덩어리를 아무것도 문제 삼지 않고 당신의 생명을 대신 내어 주셔서 구원해 주신 주님을 만난 자는 자기도 그렇게 자기를 드려서 다른 영혼들을 섬깁니다.

거듭난 의인들은 아무것도 들레지 않고 잠잠히 "**진리의 사랑**"(살후 2:10)으로 다른 이들을 섬깁니다. 하나님의 은혜를 입어서 값없이 죄 사함을 받은 사람은 자기에게 아무 자랑할 것이 없다는 사실을 잘 압니다. 자기의 의(義)나 공로(功勞)가 있어야 자랑할 텐데 자기의 의가 전혀 없는데 무엇을 들레겠습니까? 큰 자는 섬기는 자입니다. 자기의 근본 모습을 아는 자는 그저 잠잠히 진리의 복음을 섬기면서 감사를 드리고 어려운 중에도 오히려 기뻐합니다.

"**너희가 거저 받았으니 거저 주어라**"(마 10:8)고 주님께서 말씀하셨습니다. 우리는 하늘에 속한 모든 은총을 거저 받았으니 영혼들을 섬기고 복음을 전파하는 데에 자기를 드리면서도 아무것도 내세울 것이 없습니다. 하나님 앞에서 "나는 모든 종들 중에서 가장 작은 자입니다"라고 고백하며 자기와 같은 자를 주의 일에 불러 주신 것에 감사하는 사람이 진정 영적으로 큰 자입니다. 하나님께서 인정하시는 큰 자는 자기의 부족과 연약함을 인정하고 잊지 않는 자이며, "죄인 중에 내가 괴수니라"라고 시인했던 바울의 본을 따르는 자입니다.

사도 바울은 영의 아들 디모데에게 "내 아들아 그러므로 네가 그리스도 예수 안에 있는 은혜 속에서 강하고 또 네가 많은 증인 앞에서 내게 들은 바를 충성된 사람들에게 부탁하라 저희가 또 다른 사람들을 가르칠 수 있으리라"(딤후 2:1-2)고 권면했습니다. 우리의 영이 항상 주님의 은혜로 충만하려면 자기의 꼬락서니를 잘 알아야 하고 또 잊지 말아야 합니다. 그런 사람이 "그리스도 예수 안에 있는 은혜 속에서 강"한 자가 됩니다. 예수님께서는 "일만 달란트 빚진 자의 비유"를 바리새인들에게 들려주셨습니다. 어떤 사람이 임금님에게 일만 달란트의 빚을 졌는데, 그가 자기를 불쌍히 여겨 달라고 애걸하길래 임금님은 그의 모든 빚을 다 탕감해 주었습니다. 그런데 그 사람이 나가서 자기에게 백 데나리온의 빚을 진 친구를 만났습니다 그는 그 친구를 용서치 않고 멱살을 잡고 관원에게 끌고 가서 옥에 처넣었습니다. 그러자 임금님이 진노해서 그 괘씸한 놈을 다시 옥에 처넣었습니다. 일만 달란트는 사람이 결코 갚을 수 없는 큰 돈입니다. 그런데 자신이 하나님 앞에서 그렇게 엄청난 죄의 빚을 지고 있다는 사실을 아는 자가 많지 않습니다. "내가 죄는 있지만, 한 백 데나리온만큼 밖에 없다"라고 생각하는 사람은 결코 죄 사함을 받을 수 없습니다.

저와 여러분은 "오호라 나는 곤고한 사람이로다 이 사망의 몸에서 누가 나를 건져 내랴" 하고 탄식했던 바울의 마음자리를 본받는 자가 되어야 합니다. 그렇게 자기를 낮추는 자가 "우리 주 예수 그리스도로 말미암아 하나님께 감사하리로다" 하며 하나님의 구원의 은총을 찬양하고 감사하는 자가 됩니다. 여러분 모두가 주 앞에서 자기 꼬락서니를 제대로 알고 자기를 낮추는 자가 되기를 바랍니다.

　말씀을 마쳤습니다.

화 있을진저 종교인들아!

"화 있을찐저 외식하는 서기관들과 바리새인들이여 너희는 천국 문을 사람들 앞에서 닫고 너희도 들어가지 않고 들어가려 하는 자도 들어가지 못하게 하는도다

화 있을찐저 외식하는 서기관들과 바리새인들이여 너희는 교인 하나를 얻기 위하여 바다와 육지를 두루 다니다가 생기면 너희보다 배나 더 지옥 자식이 되게 하는도다

화 있을찐저 소경된 인도자여 너희가 말하되 누구든지 성전으로 맹세하면 아무 일 없거니와 성전의 금으로 맹세하면 지킬찌라 하는도다

우맹이요 소경들이여 어느 것이 크뇨 그 금이냐 금을 거룩하게 하는 성전이냐

너희가 또 이르되 누구든지 제단으로 맹세하면 아무 일 없거니와 그 위에 있는 예물로 맹세하면 지킬찌라 하는도다

소경들이여 어느 것이 크뇨 그 예물이냐 예물을 거룩하게 하는 제단이냐

그러므로 제단으로 맹세하는 자는 제단과 그 위에 있는 모든 것으로 맹세함이요

또 성전으로 맹세하는 자는 성전과 그 안에 계신 이로 맹세함이요

또 하늘로 맹세하는 자는 하나님의 보좌와 그 위에 앉으신 이로 맹세함이니라

화 있을찐저 외식하는 서기관들과 바리새인들이여 너희가 박하

와 회향과 근채의 십일조를 드리되 율법의 더 중한바 의와 인과 신은 버렸도다 그러나 이것도 행하고 저것도 버리지 말아야 할찌니라

소경된 인도자여 하루살이는 걸러 내고 약대는 삼키는도다

화 있을찐저 외식하는 서기관들과 바리새인들이여 잔과 대접의 겉은 깨끗이 하되 그 안에는 탐욕과 방탕으로 가득하게 하는도다

소경된 바리새인아 너는 먼저 안을 깨끗이 하라 그리하면 겉도 깨끗하리라

화 있을찐저 외식하는 서기관들과 바리새인들이여 회칠한 무덤 같으니 겉으로는 아름답게 보이나 그 안에는 죽은 사람의 뼈와 모든 더러운 것이 가득하도다

이와 같이 너희도 겉으로는 사람에게 옳게 보이되 안으로는 외식과 불법이 가득하도다

화 있을찐저 외식하는 서기관들과 바리새인들이여 너희는 선지자들의 무덤을 쌓고 의인들의 비석을 꾸미며 가로되

만일 우리가 조상 때에 있었더면 우리는 저희가 선지자의 피를 흘리는데 참예하지 아니하였으리라 하니

그러면 너희가 선지자를 죽인 자의 자손 됨을 스스로 증거함이로다

너희가 너희 조상의 양을 채우라

뱀들아 독사의 새끼들아 너희가 어떻게 지옥의 판결을 피하겠느냐

그러므로 내가 너희에게 선지자들과 지혜 있는 자들과 서기관들을 보내매 너희가 그 중에서 더러는 죽이고 십자가에 못 박고 그 중에 더러는 너희 회당에서 채찍질하고 이 동네에서 저 동네로

구박하리라

그러므로 의인 아벨의 피로부터 성전과 제단 사이에서 너희가 죽인 바라갸의 아들 사가랴의 피까지 땅 위에서 흘린 의로운 피가 다 너희에게 돌아 가리라

내가 진실로 너희에게 이르노니 이것이 다 이 세대에게 돌아가리라

예루살렘아 예루살렘아 선지자들을 죽이고 네게 파송된 자들을 돌로 치는 자여 암탉이 그 새끼를 날개 아래 모음 같이 내가 네 자녀를 모으려 한 일이 몇 번이냐 그러나 너희가 원치 아니하였도다

보라 너희 집이 황폐하여 버린바 되리라

내가 너희에게 이르노니 이제부터 너희는 찬송하리로다 주의 이름으로 오시는 이여 할 때까지 나를 보지 못하리라 하시니라"(마 23:13-39).

예수님께서는 외식하는 종교인들을 책망하시고 저주하셨습니다. 주님께서 외식하는 서기관과 바리새인들에게 경고하신 **"화 있을진저"** 라는 말씀은 그들이 현세에서 건강이나 재산의 손실을 당한다는 말씀이 아니라 **"너희는 영원한 지옥에 떨어진다"** 라는 뜻입니다. 제사장들과 서기관들과 바리새인들은 모세의 자리에 앉아서 이스라엘 백성들을 가르치고 다스렸습니다. 그들이 자칭 하나님 종들이 되어서 백성들에게 율법의 짐을 무겁게 지웠지만, 자기 자신들은 하나님의 종으로서 준행해야 할 책무를 전혀 하지 않았습니다. 종교지도자들과 제사장들의 책무(責務)가 무엇입니까? 그들의 책무는 백성들에게 구원의 도를 전해 주어서 그들이 **"죄 사함으로 말**

화 있을진저 종교인들아!

미암는 구원"(눅 1:77)을 얻게 하는 사역입니다. 그런데 그렇게 중 차대한 책무를 저버리고 그들은 재물과 명예만 탐하는 삯꾼들이 되었습니다.

"레위와 세운 나의 언약은 생명과 평강의 언약이라 내가 이것으로 그에게 준 것은 그로 경외하게 하려 함이라 그가 나를 경외하고 내 이름을 두려워하였으며 그 입에는 진리의 법이 있었고 그 입술에는 불의함이 없었으며 그가 화평과 정직한 중에서 나와 동행하며 많은 사람을 돌이켜 죄악에서 떠나게 하였느니라 대저 제사장의 입술은 지식을 지켜야 하겠고 사람들이 그 입에서 율법을 구하게 되어야 할 것이니 제사장은 만군의 여호와의 사자가 됨이어늘 너희는 정도에서 떠나 많은 사람으로 율법에 거치게 하도다 나 만군의 여호와가 이르노니 너희가 레위의 언약을 파하였느니라"(말 2:5-8).

하나님은 레위 족속 제사장들에게 대속(代贖)의 제사법을 통해서 계시된 진리의 복음을 주시고 그 **"레위의 언약"**으로 백성들을 죄에서 구원하게 하셨습니다. 제사장들은 그 입술에 진리의 복음을 지켜야 했습니다. 그것이 그들에게 제일 중요한 책무(責務)였습니다. 만일 하나님의 종이라는 자들이 진리의 복음을 버리고 **"정도에서 떠나"** 타락하면 그들을 따르는 무리는 전자동으로 멸망합니다. 그런데 오늘날 자칭 하나님의 종이라는 종교지도자들은 **"진리를 아는 지식"**(히 10:26)을 잃어버렸습니다. 어떻게 하다가 그렇게 되었습니까? 그들이 마귀의 탐욕을 좇아갔기 때문입니다. 거듭난 사람이라도 **"경건을 이익의 재료"**(딤전 6:5)로만 생각해서 돈을 사랑하면 **"진리의 사랑"**(살후 2:10)을 잃어버립니다. 그런데 하물며 진리의 복음을 알지도 못해서 거듭나지 못한 소경 인도자들이야 오죽하겠습니까?

　아무도 하나님과 재물을 겸하여 섬길 수 없습니다. 하나님의 것들은 하나님을 섬기고 가이사(Caesar)의 것들은 가이사를 섬깁니다. 하나님을 경외하는 자는 아브라함처럼 하나님의 말씀을 믿고 그 말씀을 좇아갑니다. 그러나 하나님의 이름을 부르면서도 돈을 사랑하는 자는 결국 마귀의 종이 됩니다. 여러분도, "나는 하나님께서 나에게 물질과 건강의 축복을 주시지 않으면 하나님을 더 이상 믿지 않을 것 같다"라는 마음이 있다면 회개하십시오. 그런 생각은 사단 마귀가 불어넣어 준 악심입니다. 그리고 여러분이 그런 악한 생각을 따라가면 주님께서 **"화 있을진저"** 하고 저주하신 대로 여러분은 지옥에 떨어질 것입니다.

지옥의 자식들을 낳는 사단 마귀의 종들

　"화 있을진저 외식하는 서기관들과 바리새인들이여 너희는 천국 문을 사람들 앞에서 닫고 너희도 들어가지 않고 들어가려 하는 자도 들어가지 못하게 하는도다"(마 23:13).

　종교지도자들은 사람들 앞에서 천국의 문을 닫았습니다. 예수님 당시의 서기관과 바리새인들이나 지금의 종교지도자들이나 다 똑같습니다. 천국에 들어가려면 마음에 죄가 전혀 없어야 합니다. 주님은 **"진실로 네게 이르노니 네가 호리라도 남김이 없이 다 갚기 전에는 결단코 거기서 나오지 못하리라"**(마 5:26)고 선포하셨습니다. 호리(毫釐)는 옛날 저울이나 자의 작은 눈금을 일컫는 단위입니다. 하나님은 거룩한 분이시기에 당신의 나라에 죄인을 결코 들일 수 없습니다. 죄가 호리(毫釐)라도 여러분의 마음에 있으면 여러분은 지옥의 심판을 결단코 면할 수 없습니다.

그런데 오늘날 기독교의 지도자들은 죄가 있습니다. 그들의 마음에는 죄가 있어서 자기도 회개 기도를 하면서 교인들에게도 회개 기도를 시킵니다. 그들은 모이기만 하면 먼저 눈물로 회개 기도를 해야만 예배를 드릴 수 있습니다. 나름대로의 교리로 마음의 죄를 해결하고 나서야 하나님 앞에 나갈 수 있다고 생각하기 때문입니다. "여러분, 지난 한 주간 동안도 우리가 하나님 앞에서 잘못한 일이 얼마나 많습니까? 율법을 어긴 것이 얼마나 많습니까? 하나님 앞에 눈물로 회개하십시오. 그리고 지금도 흐르는 십자가의 보혈로 눈보다 더 희게 씻으십시오"— 담임 목사님이 훌쩍거리며 구성진 목소리로 회개 기도를 촉구하면, 교인들은 "주여~" 삼창(三唱)을 하며 일제히 울부짖습니다. 한참을 울부짖고 나면, 목사님이 "이제 여러분의 모든 죄는 예수님의 보혈의 공로로 깨끗이 사해졌습니다" 하고 사죄를 선포합니다. 그리고 다시 분위기를 반전시키는 찬송을 인도합니다. "♪구주의 십자가 보혈로 죄 씻음 받기를 원하네~♪내 죄를 씻으신 주 이름 찬송합시다~"—그런데 이런 찬송가 가사 자체가 기독교인들의 마음에 죄가 있다는 반증(反證)입니다.

거듭나지 못한 목사들은 "우리가 예수님을 믿을 때에, 우리의 지난 죄는 모두 사함을 받았고, 그 후에 날마다 짓는 죄는 회개 기도로 사함 받는다"라고 가르칩니다. 그러면 미처 회개 기도를 하지 못한 죄는 사함을 받지 못한다는 뜻이 아닙니까? 과연 누가 머리털보다도 많이 짓는 죄를 빠짐없이 회개 기도로 아뢸 수 있습니까? 그런 교리를 믿기 때문에 기독교인들의 마음에 죄가 있을 수밖에 없습니다. 그것은 사단 마귀가 만들어 낸 거짓 교리입니다. 그래서 종교지도자들 자신도 천국에 못 들어가고, 그들은 천국의 영생에 들어가기를 간절히 바라는 가련한 영혼들에게도 천국의 문을 닫아서 차단합니다. 그들은 죄가 있어서 괴로워하는 교인들에게 "죄 지으면 열심히 회개 기도를 하면 됩니다" 하고 담대하게 가르칩니다. 그러나 하나님은 그런 자들에게 **"너희가 이런 일도 행하나니 곧 눈물과 울음과 탄식으로 여호와의 단을 가리우게 하도다"**(말 2:13) 하고 책망하십니다. **여호와의 단(壇)**은 흠 없는 어린양이 대속의 제물로 드려져서 죄 사함을 받는 곳이며 하나님의 긍휼이 임하는 곳입니다. 따라서 여호와의 단은 진리의 복음을 계시합니다. 그런데 거듭나지 못한 종교지도자들은 "울부짖으며 회개 기도를 하면 죄 사함을 받는다"라는 거짓말로 하나님의 복음을 가렸습니다. 사단 마귀가 자기의 종들에게 그런 거짓말을 불어넣어 주었습니다.

"화 있을진저 외식하는 서기관들과 바리새인들이여 너희는 교인 하나를 얻기 위하여 바다와 육지를 두루 다니다가 생기면 너희보다 배나 더 지옥 자식이 되게 하는도다"(마 23:15).

지옥의 자식이란 마귀의 종들을 의미합니다. 사단 마귀는 사람들을 부추겨서 그들이 자기의 의를 쌓고 그 의를 자랑하도록 가르칩니다. **"하나님의 의를 모르고 자기 의를 세우려고 힘써 하나님의 의를 복종치 아니하였느니라"**(롬 10:3) 하신 말씀대로, 인간의 의를 자랑하는 것은 하나님의 의를 대적하는 일입니다. 하나님의 말씀을 어린아이처럼 믿는 신앙인들은 자기에게 의로운 것이 전혀 없다는 사실을 인정하고 오직 하나님의 의만을 자랑합니다. 그러나 마귀에게 사로잡힌 종교인들은 마귀가 불어넣어 준 거짓말을 좇아 인간의 의를 자랑하고 추구합니다. 하나님의 의를 자랑하느냐, 아니면 자기의 의를 자랑하느냐? — 이것이 신앙인과 종교인이 각각 지향하는 푯대입니다.

가인(Cain)과 아벨(Abel)이 드렸던 제사는 종교인과 참된 신앙인의 믿음의 차이를 극명하게 나타내고 있습니다. 가인은 땅의 소산(所産)을 예물로 삼아 하나님께 제사를 드렸습니다. "땅"은 우리의 육신을 계시하는데, 즉 사람이 자기 육체의 노력으로 얻은 공로나 의(義)를 들고 하나님께 나가서 인정을 받고자 하는 노선이 바로 종교입니다. 종교인들, 즉 지옥의 자식들은 "우리도 조금만 노력하면 얼마든지 거룩하게 될 수 있다"라고 주장합니다. 그런데 하나님께서는 가인의 제물을 받지 않으셨습니다. 인간의 의라는 것은 자기들의 눈에는 거룩하게 보여도 하나님께서 보시기에는 너무나 더럽기 때문입니다.

그런데 아벨은 자기가 죄 덩어리인 것을 인정하고 양의 첫 새끼와 그 기름을 예물로 삼아 하나님께 제사를 드렸습니다. **"양의 첫 새끼"**(창 4:4)란 예수 그리스도를 지칭합니다. 성자(聖子) 하나님이신 예수님께서 육신을 입고 흠 없는 제물로 이 땅에 오셔서 **"물과 피"**(요일 5:6), 즉 세례와 십자가로 우리 인류의 모든 죄를 깨끗이 없애 주셨습니다. 아벨은 아버지 아담이 들려준 진리의 복음을 믿음으로 하나님께 나아가서 감사의 예배를 드렸습니다. 하나님께서는 "네 믿음이 옳도다" 하시며 아벨의 제사를 받아 주셨습니다. 오직 진리의 복음 안에 담긴 **"하나님의 의"**(롬 1:17)만을 자랑하는 참 신앙인들은 아벨의 믿음을 좇는 자들입니다.

반면에 서기관과 바리새인들은 가인의 믿음을 좇는 자들입니다. 그들은 마귀의 교훈을 좇아서 인간의 의를 부추기며 많은 사람들을 자기들의 제자로 삼고 자기들보다 더 지독한 마귀의 종들로 만듭니다. 그들은 신학교나 신학대학원을 차려놓고 배나 더 충성된 지옥의 자식들을 배출하고 있습니다. 요즘에 우리 한국 사회에서는 많은 사람들이 기독교(基督敎)를 "개독교"라고 비난합니다. 예수님께서는 **"너희는 세상의 빛이라"** 라고 말씀하셨는데, 이제는 기독교가 빛이기는커녕 사회의 암적 존재로 몰락하였고 사회의 적폐 집단으로 낙인이 찍혔습니다. 대형교회들은 말씀의 **"정도에서 떠나"**(말 2:8) 편법과 탈법을 일삼고, 큰 예배당을 지어서 자기 자식들에게 물려주기도 합니다. 그런 자들이 입술로는 거룩한 척하며 예수님의 이름을 부르니 하나님의 종들은 참으로 울화가 치밉니다.

영적 소경인 종교지도자들

"화 있을진저 소경된 인도자여 너희가 말하되 누구든지 성전으로 맹세하면 아무 일 없거니와 성전의 금으로 맹세하면 지킬지라 하는도다"(마 23:16).

거짓 목자들, 즉 거듭나지 못한 종교지도자들은 영적(靈的)인 소경입니다. 나면서부터 소경이 무지개가 어떤 색이며 어떤 모양인지를 알겠어요? 나면서부터 소경인 사람은 어디가 길인지 하늘은 무슨 색인지를 도무지 알 수가 없습니다. 그들은 분별력이 전혀 없습니다. 거듭나지 못한 종교지도자들은 무엇이 중한지를 전혀 모릅니다. 오직 그들의 마음을 지배하는 것은 돈입니다. 저들은 "돈신"(Mammon)을 섬깁니다. 교인들을 많이 끌어모아서 그들의 돈을 많이 긁어내고 큰 예배당을 지은 사람을 그들은 "성공한 목회자"라고 인정합니다.

"화 있을진저 외식하는 서기관들과 바리새인들이여 너희가 박하와 회향과 근채의 십일조를 드리되 율법의 더 중한 바 의와 인과 신은 버렸도다 그러나 이것도 행하고 저것도 버리지 말아야 할 지니라"(마 23:23).

거듭나지 못한 종교지도자들은 무엇이 더 중(重)한지를 전혀 모릅니다. 율법에서 더 중요하게 여기는 것은 의(義)와 인(仁)과 신(信)입니다. 하나님께서는 공의와 자비와 믿음을 가장 소중하게 여기십니다. 그러나 거듭나지 못한 종교지도자들은 십일조를 비롯한 모든 헌금, 즉 돈을 가장 중하게 여깁니다.

"소경 된 인도자여 하루살이는 걸러 내고 약대는 삼키는도다"(마 23:24).

소경인 종교지도자들은 하루살이처럼 작은 문제는 크게 문제를 삼으면서, "**죄 사함으로 말미암는 구원**"(눅 1:77)의 문제처럼 중차대한 문제들은 무시해 버리고 교인들이 그런 주제에 대해서 질문도 꺼내지 못하게 합니다. 예수님께서는 "**사람이 물과 성령으로 나지 아니하면 하나님 나라에 들어갈 수 없느니라**"(요 3:5)고 말씀하셨습니다. "천국에 들어가느냐, 들어가지 못하느냐?"—우리에게 있어서 이것보다 더 큰 문제가 어디 있겠습니까? 그런데 소경 된 종교지도자들은 이렇게 낙타처럼 큰 문제들에 대해서는 꿀 먹은 벙어리처럼 아무 말도 하지 않습니다. 그리고 교단이 어디며, 어느 신학교를 나왔으며 목회 경력이 어떻게 되는지 등등의 하루살이 같은 문제들을 아주 중시합니다.

소경 된 종교지도자들은 먼저 죄 사함을 받아야 합니다

"소경된 바리새인아 너는 먼저 안을 깨끗이 하라 그리하면 겉도 깨끗하리라"(마 23:26).

거듭나지 못한 종교지도자들은 먼저 죄 사함을 받아야 합니다. 그래서 먼저 자기의 마음이 하나님의 의로 인해서 깨끗해져야 합니다. 사람이 마음에 죄 사함을 받으면 하나님의 성령께서 그의 마음에 내주(來住)하십니다. 그래서 성령님의 인도와 깨닫게 하심으로 그의 삶이 하나님의 말씀을 좇아가게 됩니다. 물론 죄 사함을 받았다고 전혀 죄를 짓지 않는다는 말은 아닙니다. 거듭난 후에도 우리의 육신은 연약해서 때로는 죄를 짓습니다만, 그래도 거듭난 자는 마음을 다시 돌이켜서 하나님의 의를 따라갑니다. 진정으로 죄 사함을 받은 사람은 내주하시는 성령으로 말미암아 자원함과 기쁨으로 하나님의 선하신 뜻을 좇아가게 되어 있습니다. **"너는 먼저 안을 깨끗이 하라 그리하면 겉도 깨끗하리라"**라는 말씀이 그런 뜻입니다.

"뱀들아 독사의 새끼들아 너희가 어떻게 지옥의 판결을 피하겠느냐"(마 23:33).

여러분은 거듭나지 못한 종교지도자들을 아직도 존경합니까? 거듭나지 못한 지도자들이 아무리 거룩하고 훌륭해 보여도 진리의 말씀으로 분별하면 그들은 마귀의 새끼들입니다. 우리가 마귀의 새끼들을 존경할 수 있겠습니까? 예수님께서는 **"물로만 아니요 물과 피로 임"**(요일 5:6)하셔서 우리의 모든 죄를 단번에 없애 주셨습니다. 진리의 원형복음 외에 **"다른 복음"**(갈 1:7)은 없습니다. 진리의 원형복음(原形福音)은 **"물과 피의 복음"** 딱 하나뿐입니다. 주님께서 우리들에게 베풀어 주신 **"물과 피의 복음"** 외에 다른 복음을 전하는 자들은 뱀들이며 독사의 새끼들입니다. 여러분이 만일 마음씨 좋은 아저씨처럼, "에이, 그래도 저 목사님이 예수님을 믿는다고 하는데 어떻게 그들을 마귀 새끼라고 말합니까?"라고 생각한다면 여러분이 예수님보다 더 선하다는 말입니까? 예수님이 그런 자들을 가리켜 **"뱀들아 독사의 새끼들아"**라고 욕하셨으면 우리도 그들을 그렇게 불러야 합당합니다. 거듭나지 못한 종교지도자들은 세상 사람들로부터 "아이구, 훌륭하십니다. 독일에서 신학박사 학위를 받으셨다면서요? 귀한 책도 그렇게 많이 쓰셨다면서요?" 하고 존경과 칭송을 받을 수 있습니다. 그러나 진리의 복음으로 거듭난 우리들에게는 그들은 마귀 새끼에 불과합니다. 우리에게는 그들도 진리의 복음을 전해서 구원의 은총을 입혀 주어야 할 대상에 불과합니다.

하나님의 심판은 분명히 임합니다

"내가 진실로 너희에게 이르노니 이것이 다 이 세대에게 돌아가리라"(마 23:36).

주님께서는 거듭나지 못한 종교지도자들이 하나님의 종들과 백성들에게 행한 모든 악행(惡行)에 대해서 반드시 대갚음해 주십니다. 주님의 말씀은 역사적으로도 그대로 이루어졌습니다. 예수님께서 돌아가셨다가 부활 승천하신 후 한 세대가 지났을 때에, 이스라엘 민족은 로마제국에 대항하여 민족 봉기를 일으켰습니다. 그러자 로마 황제 베스파시아누스(Vespasianus)는 자기의 아들 티투스(Titus) 장군을 진압군 사령관으로 보내서 이스라엘 저항군과 전투를 벌였고, 이스라엘 민족은 AD 70년에 패배해서 멸망했습니다. 그 결과 이스라엘 백성들은 처참한 살육을 당하고 예루살렘 성전은 돌 하나도 돌 위에 남아 있지 않을 정도로 완전히 초토화(焦土

化)되었습니다. 그 후에 10만여 명의 이스라엘 백성들이 포로로 끌려가서 로마의 노예가 되었습니다. **"보라 너희 집이 황폐하여 버린 바 되리라"**(마 23:38)고 하신 말씀대로 이스라엘 민족은 역사에서 사라져 버렸습니다. 유대인들은 유럽의 여러 나라에 흩어져서 천대와 핍박을 받았습니다. 제2차 세계대전(世界大戰) 때에는 독일의 히틀러에 의해 600만 명의 유대인들이 학살을 당했습니다. 하나님께서는 이스라엘 민족을 **"제사장 나라"**(출 19:6)로 택하셔서 그들이 천하 만민에게 하나님의 의의 복음을 전파하게 하셨는데, 그들이 하나님의 말씀을 전파하는 귀한 직분을 버렸기 때문에 주님도 이스라엘 민족을 버리신 것입니다.

"내가 너희에게 이르노니 이제부터 너희는 찬송하리로다 주의 이름으로 오시는 이여 할 때까지 나를 보지 못하리라 하시니라"(마 23:39).

주님께서는 반드시 다시 오십니다. 마귀 새끼들처럼 끝까지 회개하지 않는 자들은 재림(再臨)하시는 주님을 결코 만날 수 없습니다. 주님께서는 진리의 원형복음인 **"물과 피의 복음"**을 좇지 않고 다른 복음을 좇는 자들에게 진노하시며 **"화 있을진저, 뱀들아 독사의 새끼들아"** 하고 준엄하게 경고하셨습니다. 거듭나지 못한 채로 종교지도자 행세를 하는 자들은 하루속히 돌이켜야 합니다. 그들은 자기가 영적인 소경인 것을 깨닫고 거듭난 하나님의 종들에게서 복음의 **"안약을 사서 눈에 발라"**(계 3:18) 영적인 눈을 떠야 합니다. 아직도 마음에 죄가 있는 기독교인들은 자기가 지옥에 가야 할 비참한 운명인 줄을 깨닫고 속히 회개하고 진리의 원형복음을 믿기를 간절히 바랍니다.

말씀을 마쳤습니다.

주님의 재림의 날과 징조

"예수께서 성전에서 나와서 가실 때에 제자들이 성전 건물들을 가리켜 보이려고 나아오니

대답하여 가라사대 너희가 이 모든 것을 보지 못하느냐 내가 진실로 너희에게 이르노니 돌 하나도 돌 위에 남지 않고 다 무너뜨리우리라

예수께서 감람산 위에 앉으셨을 때에 제자들이 조용히 와서 가로되 우리에게 이르소서 어느 때에 이런 일이 있겠사오며 또 주의 임하심과 세상 끝에는 무슨 징조가 있사오리이까

예수께서 대답하여 가라사대 너희가 사람의 미혹을 받지 않도록 주의하라

많은 사람이 내 이름으로 와서 이르되 나는 그리스도라 하여 많은 사람을 미혹케 하리라

난리와 난리 소문을 듣겠으나 너희는 삼가 두려워 말라 이런 일이 있어야 하되 끝은 아직 아니니라

민족이 민족을, 나라가 나라를 대적하여 일어나겠고 처처에 기근과 지진이 있으리니

이 모든 것이 재난의 시작이니라

그 때에 사람들이 너희를 환난에 넘겨주겠으며 너희를 죽이리니 너희가 내 이름을 위하여 모든 민족에게 미움을 받으리라

그 때에 많은 사람이 시험에 빠져 서로 잡아 주고 서로 미워하겠으며

거짓 선지자가 많이 일어나 많은 사람을 미혹하게 하겠으며

불법이 성하므로 많은 사람의 사랑이 식어지리라

그러나 끝까지 견디는 자는 구원을 얻으리라

이 천국 복음이 모든 민족에게 증거되기 위하여 온 세상에 전파되리니 그제야 끝이 오리라

그러므로 너희가 선지자 다니엘의 말한바 멸망의 가증한 것이 거룩한 곳에 선 것을 보거든 (읽는 자는 깨달을찐저)

그 때에 유대에 있는 자들은 산으로 도망할찌어다

지붕 위에 있는 자는 집안에 있는 물건을 가질러 내려 가지 말며

밭에 있는 자는 겉옷을 가질러 뒤로 돌이키지 말찌어다

그 날에는 아이 밴 자들과 젖먹이는 자들에게 화가 있으리로다

너희의 도망하는 일이 겨울에나 안식일에 되지 않도록 기도하라

이는 그 때에 큰 환난이 있겠음이라 창세로부터 지금까지 이런 환난이 없었고 후에도 없으리라

그 날들을 감하지 아니할 것이면 모든 육체가 구원을 얻지 못할 것이나 그러나 택하신 자들을 위하여 그 날들을 감하시리라

그 때에 사람이 너희에게 말하되 보라 그리스도가 여기 있다 혹 저기 있다 하여도 믿지 말라

거짓 그리스도들과 거짓 선지자들이 일어나 큰 표적과 기사를 보이어 할 수만 있으면 택하신 자들도 미혹하게 하리라

보라 내가 너희에게 미리 말하였노라

그러면 사람들이 너희에게 말하되 보라 그리스도가 광야에 있다 하여도 나가지 말고 보라 골방에 있다 하여도 믿지 말라

번개가 동편에서 나서 서편까지 번쩍임 같이 인자의 임함도 그러하리라

주검이 있는 곳에는 독수리들이 모일찌니라

그 날 환난 후에 즉시 해가 어두워지며 달이 빛을 내지 아니하며 별들이 하늘에서 떨어지며 하늘의 권능들이 흔들리리라

그 때에 인자의 징조가 하늘에서 보이겠고 그 때에 땅의 모든 족속들이 통곡하며 그들이 인자가 구름을 타고 능력과 큰 영광으로 오는 것을 보리라

저가 큰 나팔소리와 함께 천사들을 보내리니 저희가 그 택하신 자들을 하늘 이 끝에서 저 끝까지 사방에서 모으리라"(마 24:1-31).

예수님은 약 3년 전에 세례 요한에게 안수의 형식으로 세례를 받으심으로 이 세상의 모든 죄를 담당하셨습니다. "그 세례"(the baptism, 행 10:37)로 예수님은 "세상 죄를 지고 가는 하나님의 어린양"(요 1:29)이 되셨습니다. 그리고 이제 당신의 구원 사역의 종착점인 십자가에 달리시려고 예루살렘으로 올라가셨습니다. 주님께서는 비장한 마음으로 예루살렘에 올라가셨는데, 제자들의 마음은 한껏 들떠 있었습니다. 제자들은 이번에 예수님께서 예루살렘에 올라가시면 주님께서 다윗의 왕위를 계승하셔서 이스라엘의 왕으로 등극하시고 자기들도 한자리씩 차지할 것을 기대하고 있었습니다. 시골 출신의 제자들은 예루살렘에 가면 볼 것이 많았습니다. 특히 예루살렘 성전은 너무나 휘황찬란하고 아름다웠습니다. 성전의 아름다운 위용을 바라보면서 제자들은 가슴이 벅찼을 것입니다. 주님께서는 마지막 유월절을 보내시기 위해 예루살렘에 올라가셨다가 제자들이 성전의 위용에 감탄하는 것을 보고 제자들에게 주님의 재림의 날과 그 징조에 대하여 말씀해 주셨습니다.

어떤 제자가 성전이 "미석과 헌물로 꾸민 것"(눅 21:5)을 자랑스럽게 언급하자, 예수님께서 "너희가 이 모든 것을 보지 못하느냐 내가 진실로 너희에게 이르노니 돌 하나도 돌 위에 남지 않고 다 무너뜨리우리라"(마 24:2) 하시며 제자들의 들뜬 마음에 찬물을 확 끼얹는 말씀을 하셨습니다. 그러자 머쓱해진 제자들이 예수님께 가만히 다가와서 "우리에게 이르소서 어느 때에 이런 일이 있겠사오며 또 주의 임하심과 세상 끝에는 무슨 징조가 있사오리이까?" 하고 물었습니다. 이에 예수님께서는 장차 이 세상 종말의 때에 일어날 일들에 대해서 소상히 말씀해 주셨습니다.

세상 종말의 시작, 엄청난 재난(災難)

이 세상은 반드시 끝이 납니다. 사람들은 과학과 기술이 계속 발전해서 점점 더 살기 좋은 세계가 전개될 것으로 생각하지만 이 세계는 반드시 끝납니다. 이 세상에 반드시 종말이 온다는 것은 진리입니다. 그러나 종말이 어느 특정한 때에 온다고 주장하는 "시한부(時限附) 종말론"은 잘못된 주장입니다. 1995년도에 장○○ 목사가 앞으로 10년 후, 즉 2005년경이면 세상이 끝난다고 설교를 했습니다. 그런데 정작 2005년이 되자 그는 "2015년 정도면 더 이상 복음을 전하지 못할 상황이 될 것이다"라고 말을 바꿨습니다. 그런 시한부 종말론자들은 기독교 역사 안에서 무수히 일어나서 사람들을 미혹했습니다. 한때 우리나라 기독교에도 이○○ 목사가 인도하던 다미선교회라는 모임이 일어나서 큰 물의를 일으킨 적이 있습니다. 주님께서조차 "그 날과 그 때는 아무도 모르나니 하늘의 천사들도, 아들도 모르고 오직 아버지만 아시느니라"(마 24:36)고 말씀하셨습니다. 시한부 종말론을 주장하는 자는 무조건 사기꾼입니다. 그들의 주장은 절대로 믿지 마십시오.

주님께서는 다만 세상이 끝날 때에는 어떤 징조가 있느냐 하는 부분에 밝히 알려 주셨습니다: "난리와 난리 소문을 듣겠으나 너희는 삼가 두려워 말라 이런 일이 있어야 하되 끝은 아직 아니니라 민족이 민족을, 나라가 나라를 대적하여 일어나겠고 처처에 기근과 지진이 있으리니 이 모든 것이 재난의 시작이니라"(마 24:6-8). 세상의 종말이 임하기 전에 먼저 나라와 나라가, 민족과 민족이 전쟁을 벌이는 아수라장 속에서 전 세계적인 규모로 자연 재난이 일어납니다. 현재 기상이변으로 대홍수가 나는 지역이 있는가 하면, 비가 전혀 오지 않아서 사막화가 급속히 확대되는 지역이 있습니다. 기상이변의 증거가 가장 분명하게 나타나는 지역은 극지방(polar region)입니다. 한 지구과학 연구소의 통계에 따르면 1980년을 기준으로 30년 후인 2010년의 북극 평균 기온은 약 2.5℃ 상승했으며 이런 추세라면 1세기 동안에 극지방의 기온이 6.3℃가 상승할 것이라고 그 연구소는 예측했습니다.

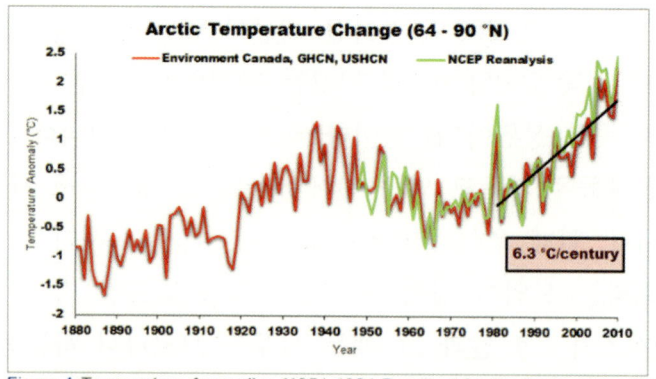

Figure 1: Temperature Anomalies (1951-1981 Baseline) for the Arctic region (64-90°N) over the past 130 years according to ccc-gistemp analysis and NCEP reanalysis.

이러한 온난화는 극지방의 만년설 규모를 현저하게 감소시키고 있습니다. 아래 그림은 1885년과 그로부터 백 년 후인 1985년 8월~10월의 북극 빙하의 평균 면적을 근거로 2085년의 북극 빙하의 잔량을 가정해 본 시뮬레이션 이미지입니다. 미국 정부의 한 연구소(NOAA, 미국 상무부 산하 해양기상국)에서 작성한 이 시뮬레이션을 보면, 2085년경에는 북극의 만년설 지역은 거의 소멸될 것으로 예상됩니다.

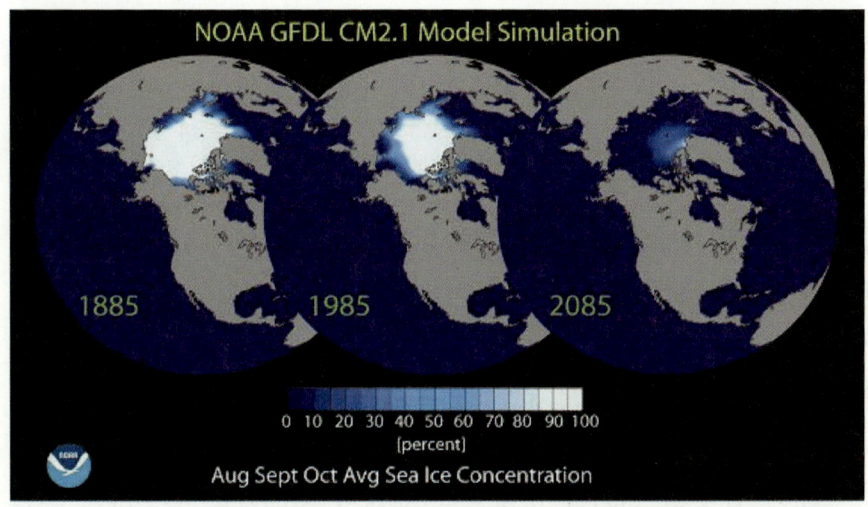

출처: NOAA(미국 상무부 산하 해양 기상국)

극지방의 만년설은 지구의 생태환경을 일정하게 유지시켜 주는 안전판의 역할을 합니다. 지구의 평균기온이 올라가면 극지방의 얼음이 녹으면서 열을 흡수하고 반대로 지구의 평균기온이 내려가면 더 많은 얼음이 얼면서 열을 방출합니다. 이렇게 균형을 맞춰 주는 기제(mechanism)를 과학용어로 항상성(恒常性, homeostasis)이라고 합니다. 항상성은 신비한 작용을 하는데, 이는 하나님께서 지구환경의 균형이 깨지면 곧바로 균형을 회복하도록 설계하셨기 때문입니다. 그런데 이제는 기온의 균형이 깨어지면 지구 스스로 그 균형을 회복할 능력을 잃어버렸습니다. 그래서 지구온난화는 점점 더 가속화 될 수밖에 없습니다. 지구온난화는 인간의 탐욕과 과소비로 인한 것입니다. 지난 수백 년 동안 산업혁명이라는 미명 아래 인류는 석탄과 석유 등의 화석연료를 개발해서 무제한으로 사용했고, 탄산가스의 양이 엄청나게 증가해서 지구온난화를 초래했습니다. 그 결과 인류 전체는 심각한 기상이변의 시대를 맞게 되었습니다.

기상이변은 기근의 시대를 의미합니다. 전 세계적인 기근이 초대형 지진들과 함께 일어나면 인류 사회의 모든 통제 시스템이 무너지고 대혼란의 시대를 맞게 될 것입니다. 그때에 그런 혼란 상태를 통제하고 수습할 강력한 통치자가 등장합니다. 그가 바로 적그리스도(Anti-christ)입니다. 민족과 민족이, 나라와 나라가 식량전쟁을 하면서 대혼란과 무정부 상태에 빠지게 되면 사람들은 강력한 통치자가 나타나서 질서를 잡아 주고 식량을 배급해 주기를 바라게 됩니다. "난세(亂世)에 영웅이 난다"라는 말처럼, 그때에 적그리스도가 대중적 인기를 바탕으로 세계의 지배자로 등극하게 됩니다.

환난(患難)의 시대

재난(災難)은 자연 재해로부터 오는 어려움이고 환난(患難)은 사람으로부터 비롯되는 어려움입니다. 자연 재난이 극대화되면 적그리스도가 등장해서 전 세계를 힘으로 지배하고 통제합니다. 그는 모든 사람이 오른손이나 이마에 666표를 받게 해서 그 표가 없는 사람은 식량을 배급받거나 구입할 수도 없게 합니다. 그때 죄 사함 받은 의인들은 끝까지 표를 받지 않고 저항하기 때문에 사단 마귀의 표적이 되어서 극심한 어려움을 겪게 되고 순교하는 의인들도 많을 것입니다. 지금은 사물 인터넷(IoT) 시대입니다. 이미 미국에서는 무인점포가 생겨났습니다. 머지않아 666표가 현실화되는 것은 기정사실입니다. 요한계시록의 예언의 말씀이 이루어질 수 있는 환경이 모두 조성되어 있습니다.

"불법이 성하므로 많은 사람의 사랑이 식어지리라"(마 24:12).

여기에서 말씀하시는 **"사랑"**은 영적인 사랑 즉 **"진리의 사랑"**(살후 2:10)인데, 세상 종말이 다가올수록 사람들은 하나님을 찾지도 않고 진리를 사모하지도 않으며 그저 육신의 욕망만 좇게 될 것입니다. 지금은 이미 사람들이 그저 먹고 즐기는 데에만 몰두하는 시대가 되었습니다. 대부분의 사람들이 영원을 사모하거나 하나님을 찾지 않습니다. 그래서 하나님께서도 더 이상 구원의 은총을 베푸실 수 없을 때가 되면, 하나님께서 인류의 역사를 끝내실 것입니다.

땅끝까지 복음이 전파된 후에 종말이 옵니다

"이 천국 복음이 모든 민족에게 증거되기 위하여 온 세상에 전파되리니 그제야 끝이 오리라"(마 24:14).

하나님은 공의하십니다. 우리를 천국 영생에 넉넉하게 들어가게 하는 진리의 원형복음이 땅끝까지 다 전파된 후에야 세상에는 끝이 옵니다. 아직도 물과 피의 복음을 들어볼 기회조차 없었던 사람들이 많습니다만, 이 시대는 기술적으로 땅끝까지 복음을 전할 수 있는 시대가 되었습니다. 지금은 우리가 인터넷으로 어떤 메시지를 전하면 지구 반대편까지 0.01초면 다 도달합니다. 우리는 진리의 복음이 담긴 영문판 전자책(E-book)을 구글(Google)에도 올려놓았습니다. 지금은 누구든지 하나님을 찾기만 찾으면 만날 수 있는 시대입니다. 아프리카에도 지금 인터넷 라인이 들어갔습니다. 이제는 땅끝까지 천국 복음이 전파될 수 있는 여건이 조성되어 있습니다. 하나님은 공의하셔서 모든 영혼들이 하나님을 찾기만 하면 다 천국 복음을 만날 수 있게 하셨습니다. **"하나님을 가까이 하라 그리하면 너희를 가까이 하시리라"**(약 4:8)고 말씀하셨는데, 사람들이 하나님을 찾지 않아서 구원을 받지 못하는 것입니다.

최종적이고 확실한 종말의 징표와 주님의 재림

"그러므로 너희가 선지자 다니엘의 말한 바 멸망의 가증한 것이 거룩한 곳에 선 것을 보거든 (읽는 자는 깨달을진저)"(마 24:15).

적그리스도의 우상(偶像)이 하나님의 성전에 서는 그때가 바로 세상의 종말의 확실한 때입니다. 구약의 계시록인 다니엘서는 **"매일 드리는 제사를 폐하며 멸망케 할 미운 물건을 세울 때부터 일천이백구십 일을 지낼 것이요 기다려서 일천삼백삼십오 일까지 이르는 그 사람은 복이 있으리라"**(단 12:11-12)고 기록하고 있습니다. 하나님께서 미워하시는 적그리스도의 우상이 거룩한 곳에, 즉 예루살렘의 성전에 세워지는 것이 세상 종말의 확실한 징표입니다. 그 우상이 세워져서 약 삼 년 반(1,290일)이 지난 시점에 주님께서 재림하시고 의인들의 부활과 휴거가 있게 됩니다. "이는 그 때에 큰 환난이 있겠음이라 창세로부터 지금까지 이런 환난이 없었고 후에도 없으리라"(마 24:21). 그때에 의인들도 극심한 환난을 겪게 되는데 그때를 견디면서 하나님의 말씀을 배반치 않고 믿음을 지킨 의인들은 주님의 재림을 맞이하게 됩니다.

그러면 구체적으로 주님께서 재림하시는 시점은 언제입니까? 일곱 번째 천사가 나팔을 불 때에 주님께서 공중에 재림하십니다.

"번개가 동편에서 나서 서편까지 번쩍임 같이 인자의 임함도 그러하리라 주검이 있는 곳에는 독수리들이 모일지니라 그 날 환난 후에 즉시 해가 어두워지며 달이 빛을 내지 아니하며 별들이 하늘에서 떨어지며 하늘의 권능들이 흔들리리라 그 때에 인자의 징조가 하늘에서 보이겠고 그 때에 땅의 모든 족속들이 통곡하며 그들이 인자가 구름을 타고 능력과 큰 영광으로 오는 것을 보리라 저가 큰 나팔 소리와 함께 천사들을 보내리니 저희가 그 택하신 자들을 하늘 이 끝에서 저 끝까지 사방에서 모으리라"(마 24:27-31).

큰 환난의 시기가 약 3년 반이 지났을 때에 드디어 주님께서 오십니다. 재난(災難)에서 환난(患難)으로 넘어가면서 의인들은 더욱더 극심한 어려움을 겪을 것입니다. 우리가 그런 어려움을 통과하게 하신 것도 하나님의 뜻인데, 이는 하나님께서 알곡과 쭉정이를 갈라내시는 과정입니다. 알곡은 환난의 기간을 믿음으로 견디지만, 쭉정이는 환란의 때에 믿음을 배반합니다. 그러므로 우리는 지금 평안할 때에 온전한 믿음으로 알곡이 되어야 합니다. 그런 환난과 시험의 때가 어느 정도 지나서야 마지막 나팔 소리와 함께 주님께서 재림하시고 그때에 우리 의인들은 다 부활의 영광을 입게 됩니다.

"형제들아 내가 이것을 말하노니 혈과 육은 하나님 나라를 유업으로 받을 수 없고 또한 썩은 것은 썩지 아니한 것을 유업으로 받지 못하느니라 보라 내가 너희에게 비밀을 말하노니 우리가 다 잠잘 것이 아니요 마지막 나팔에 순식간에 홀연히 다 변화하리니 나팔 소리가 나매 죽은 자들이 썩지 아니할 것으로 다시 살고 우리도 변화하리라"(고전 15:50-52).

"우리가 주의 말씀으로 너희에게 이것을 말하노니 주 강림하실 때까지 우리 살아 남아 있는 자도 자는 자보다 결단코 앞서지 못하리라 주께서 호령과 천사장의 소리와 하나님의 나팔로 친히 하늘로 좇아 강림하시리니 그리스도 안에서 죽은 자들이 먼저 일어나고 그 후에 우리 살아 남은 자도 저희와 함께 구름 속으로 끌어 올려 공중에서 주를 영접하게 하시리니 그리하여 우리가 항상 주와 함께 있으리라 그러므로 이 여러 말로 서로 위로하라"(살전 4:15-18).

마지막 나팔, 곧 일곱 번째 나팔이 울려 퍼지는 그날이 바로 우리가 학수고대(鶴首苦待)하던 주님의 재림의 날입니다. 마지막 나팔이 크게 울려 퍼지면 주님께서 천군천사의 호위를 받으시면서 공중에 임하십니다. 번개가 동에서 서까지 치는 것처럼, 주님의 재림은 전 세계 어디서나 볼 수 있습니다. "만일 주님께서 우리나라의 상공에 임하시면 우리와 지구 반대쪽에 사는 브라질 사람들은 주님께서 재림하시는 장면을 보지 못하겠네?"―여러분, 그런 걱정일랑 하지 마십시오. 하나님께서는 전능하십니다. 하나님께서는 전능하셔서 주님께서 천군천사들을 거느리시고 공중에 재림하시는 위용을 모든 육체가 보게 하십니다.

의인들의 부활과 휴거

"그 때에 인자의 징조가 하늘에서 보이겠고 그 때에 땅의 모든 족속들이 통곡하며 그들이 인자가 구름을 타고 능력과 큰 영광으로 오는 것을 보리라 저가 큰 나팔 소리와 함께 천사들을 보내리니 저희가 그 택하신 자들을 하늘 이 끝에서 저 끝까지 사방에서 모으리라"(마 24:30-31).

우리는 주님의 재림과 의인의 휴거의 때가 어느 날 어느 시일지 모릅니다. 그러나 먼저 큰 재난이 임할 것이고, 적그리스도가 등장해서 우리가 환란에 넘겨질 것이며, 적그리스도의 우상이 거룩한 곳에 세워질 때부터 약 삼 년 반 정도 지난 시점에 주님께서 공중으로 좇아 임하신다고 성경은 말씀합니다. 마지막 일곱 번째 나팔이 울려 퍼질 그때에 주님께서 공중으로 임하셔서 천사들에게 **"네 낫을 휘둘러 거두라 거둘 때가 이르러 땅에 곡식이 다 익었음이로다"**(계 14:15)라고 명하십니다. 주님의 명령대로, 죄 사함을 받고 먼저 돌아가신 선배 의인들이 부활의 몸을 입고 먼저 일어나서 공중으로 끌려 올라갑니다. 그리고 거듭난 우리가 그때까지 살아남아 있다면 우리는 순식간에 변화되어 신령한 몸을 입고 공중으로 들려 올라갈 것입니다. 이 사건이 바로 휴거(携擧, Rapture)입니다. 첫째 부활과 휴거에 참여한 의인들은 신랑이신 예수님을 공중에서 만나서 공중 혼인잔치를 벌입니다. 마태복음 25장의 슬기로운 다섯 처녀와 미련한 다섯 처녀의 비유 말씀은 "누가 천국 혼인잔치에 들어가느냐"라는 진리를 가르쳐 줍니다. 아무리 오랫동안 예수님을 믿었어도 마음에 죄 사함을 받지 못해서 성령님(기름)이 내주(來住)하지 않는 기독죄인들(Christian sinners)은 공중 혼인잔치에 들어가지 못하고 바깥 어두운 데서 울며 이를 갈게 됩니다.

진노의 일곱 대접과 천년왕국

의인들이 다 부활해서 공중으로 끌어올려가면 이 땅에는 끝까지 고집을 부리며 하나님의 진리의 복음을 대적했던 기독죄인들과 아예 하나님을 믿지 않았던 악인들만 남게 됩니다. 주님께서는 이제 이 땅을 향해 일곱 대접의 진노를 쏟아부어서 땅에 남아 있는 자들을 심판하십니다. 주님께서는 이 땅을 초토화시키신 후에 다시 만물을 새롭게 하십니다. **"보라 내가 새 하늘과 새 땅을 창조하나니 이전 것은 기억되거나 마음에 생각나지 아니할 것이라"**(사 65:17)고 약속하신 말씀이 성취될 것입니다.

이제 주님은 당신의 백성들과 함께 새롭고 아름답게 창조된 이 땅에 내려와서 천년왕국을 펼치십니다. 우리 의인들이 천 년 동안 주님과 함께 왕 노릇을 하는 천년왕국의 기간은 이 땅에 살면서 자기를 부인하고 복음을 전파한 우리들에게 하나님께서 상급을 베푸시는 기간입니다. 이때에 우리들은 각각 열 고을 다스리는 권세, 다섯 고을 다스리는 권세, 한 고을 다스리는 권세 등의 상급(賞給)을 받아서 분봉왕(分封王)의 영광을 누릴 것입니다. 그때에 영지(領地)를 받지 못한 의인들도 있을 것입니다. 진리의 원형복음을 믿음으로 죄 사함은 받았는데, 복음을 위해서 아무 희생과 순종을 드리지 않은 성도들은 천 년 동안 떠돌이처럼 다른 분봉왕들의 영지(領地)를 유랑하며 그들의 신세를 질 것입니다. 사도 바울은 그러한 성도들에 대해서, **"만일 누구든지 그 위에 세운 공력이 그대로 있으면 상을 받고 누구든지 공력이 불타면 해를 받으리니 그러**

나 자기는 구원을 얻되 불 가운데서 얻은 것 같으리라"(고전 3:14-15)고 말씀하셨습니다. 천년왕국은 보상의 기간입니다. 하나님은 공의(公義)하시기 때문에 이 땅에서 복음을 위해서 자기를 부인하고 주님의 뜻에 순종한 의인들과 그렇게 하지 않은 의인들에게 공의하며 차별적인 보상을 하십니다.

둘째 부활과 최후의 심판, 그리고 영원한 천국으로의 입성

천 년이 지나고 나면 주님께서 최후의 심판을 하십니다. 그때 주님께서는 죽은 자들을 부활시키십니다. 죄 사함을 받지 못하고 죽은 자들과 천년왕국이 끝난 무렵에도 살아남은 죄인들이 다 영생의 몸을 입고 부활합니다. 이것이 둘째 부활입니다. 그들은 영원한 지옥의 형벌을 받는 둘째 사망에 참여하기 위해서 부활합니다. 하나님께서는 사단과 모든 마귀들과 함께 죄인들을 심판하셔서 지옥, 즉 영원히 꺼지지 않는 불과 유황으로 타는 못에 처넣으시고 지옥의 문을 닫으십니다.

주님께서는 이렇게 최후의 심판을 하셔서 죄인들과 사단의 무리를 다 무저갱(無底坑)에 처넣고 깨끗이 정리하신 후에, 마치 종이가 불에 타서 없어지는 것같이 이 세상을 없애십니다. 그때에 위로부터 새 예루살렘 성, 즉 영원한 천국이 내려옵니다. 새 예루살렘 성은 가로 세로 높이가 반듯한 정방형(正方形)의 도시인데, 가로와 세로와 높이가 같고 각각 "일만 이천 스타디온"(계 21:16, 약 1,400마일, 2,200Km)입니다. 천국 도성은 벽옥과 정금으로 꾸며진 아름다운 성입니다. 우리는 그때에 주님과 함께 그 천성으로 들어가서 영원토록 복락을 누리며 살게 될 것입니다.

하나님께서는 우리 인류를 향해서 심오한 섭리를 가지고 계십니다. 하나님께서는 우리를 진리의 복음으로 거룩하게 하셔서 당신의 자녀로 삼으시고 영원한 천국을 상속받게 하셨습니다. **"물과 피로 임"**(요일 5:6)하신 예수 그리스도를 믿어서 거듭난 저와 여러분은 주님의 재림의 날을 기다리면서 믿음으로 사단 마귀의 모든 유혹과 계략을 물리치고 끝내 승리하는 의인들이 될 것입니다.

말씀을 마쳤습니다.

마지막 때를 사는 의인들의 믿음

"무화과나무의 비유를 배우라 그 가지가 연하여지고 잎사귀를 내면 여름이 가까운 줄을 아나니

이와 같이 너희도 이 모든 일을 보거든 인자가 가까이 곧 문앞에 이른줄 알라

내가 진실로 너희에게 말하노니 이 세대가 지나가기 전에 이 일이 다 이루리라

천지는 없어지겠으나 내 말은 없어지지 아니하리라

그러나 그 날과 그 때는 아무도 모르나니 하늘의 천사들도, 아들도 모르고 오직 아버지만 아시느니라

노아의 때와 같이 인자의 임함도 그러하리라

홍수 전에 노아가 방주에 들어가던 날까지 사람들이 먹고 마시고 장가 들고 시집 가고 있으면서

홍수가 나서 저희를 다 멸하기까지 깨닫지 못하였으니 인자의 임함도 이와 같으리라

그때에 두 사람이 밭에 있으매 하나는 데려감을 당하고 하나는 버려둠을 당할 것이요

두 여자가 매를 갈고 있으매 하나는 데려감을 당하고 하나는 버려둠을 당할 것이니라

그러므로 깨어 있으라 어느 날에 너희 주가 임할는지

너희가 알지 못함이니라 너희도 아는바니 만일 집 주인이 도적이 어느 경점에 올 줄을 알았더면 깨어 있어 그 집을 뚫지 못하게 하였으리라

이러므로 너희도 예비하고 있으라 생각지 않은 때에 인자가 오

리라

충성되고 지혜 있는 종이 되어 주인에게 그 집 사람들을 맡아 때를 따라 양식을 나눠 줄 자가 누구뇨

주인이 올 때에 그 종의 이렇게 하는 것을 보면 그 종이 복이 있으리로다

내가 진실로 너희에게 이르노니 주인이 그 모든 소유를 저에게 맡기리라

만일 그 악한 종이 마음에 생각하기를 주인이 더디 오리라 하여

동무들을 때리며 술친구들로 더불어 먹고 마시게 되면

생각지 않은 날 알지 못하는 시간에 그 종의 주인이 이르러

엄히 때리고 외식하는 자의 받는 율에 처하리니 거기서 슬피 울며 이를 갊이 있으리라"(마 24:32-51).

오늘의 본문 말씀은 "마지막 때를 사는 우리의 믿음"에 관한 말씀입니다. 지금은 마지막 때인데, 우리가 어떤 믿음으로 살아야 하는가에 대해서 말씀을 드리고자 합니다.

지금이 마지막 때라는 증거

"무화과나무의 비유를 배우라 그 가지가 연하여지고 잎사귀를 내면 여름이 가까운 줄을 아나니 이와 같이 너희도 이 모든 일을 보거든 인자가 가까이 곧 문 앞에 이른 줄 알라 내가 진실로 너희에게 말하노니 이 세대가 지나가기 전에 이 일이 다 이루리라"(마 24:32-34).

주님께서 무화과나무의 비유를 통해서 마지막 때에 관한 계시의 말씀을 해 주셨습니다. 무화과나무는 이스라엘 나라를 상징합니다. 주님께서 마지막 유월절에 예루살렘에 올라가셔서 말씀을 전하시고 저녁이 되면 예루살렘 인근의 베다니로 나오셔서 유숙하셨습니다. 주님께서 이튿날 아침에 베다니에서 나오시다가 시장하셔서 잎이 무성한 무화과나무로 다가가셨습니다. 그런데 그 나무에 열매가 없는 것을 보시고 **"이제부터 영원토록 사람이 네게서 열매를 따먹지 못하리라"**(막 11:14)고 그 나무를 저주하셨습니다. 저녁에 주님께서 제자들과 함께 다시 베다니로 돌아오시는 길에 제자들은 그 무화과나무가 **"뿌리로부터 마른 것"**(막 11:20)을 보게 됩니다. 그 나무는 율법의 행위만 풍성하고 구원의 열매는 맺지 못하던 이스라엘 민족을 계시하며, 주님께서는 이 표적을 통해서 하나님의 뜻을 저버린 이스라엘 민족을 책망하신 것입니다.

모든 과실은 꽃이 피고 나서 꽃이 떨어진 자리에 과실이 맺힙니다. 그런데 무화과나무는 문자 그대로 꽃이 피지 않고 열매부터 맺습니다. "없을" 무(無) 자, "꽃" 화(花) 자, 그래서 무화과(無花果)입니다. 그런데 사람의 눈에는 꽃이 보이지 않을 뿐이지 무화과를 쪼개 보면 꽃이 과일 속에서 핍니다. 이방 족속들은 우상을 숭배하며 유별난 종교 행위들을 했습니다. 그런데 이스라엘 민족은 우상을 세우지도 않고 오직 하나님의 말씀을 믿었습니다. 하나님의 말씀을 믿는 이스라엘 민족은 유별난 종교 행위를 과시하지 않았습니다. 그들은 오직 말씀을 마음으로 믿어서 구원의 귀한 열매를 맺었습니다. 이것이 무화과나무의 귀한 덕성(德性)입니다.

그런데 예수님 당시의 이스라엘 민족은 하나님의 말씀 안에 풍성한 구원의 열매를 맺기는커녕 율법의 행위를 자랑하는 데에만 몰두했습니다. 이스라엘의 종교지도자들은 자신들의 **"경건의 모양"(딤후 3:5)**을 자랑하며 하나님을 경외하는 척했지만 그들은 **"죄 사함으로 말미암는 구원"(눅 1:77)**을 받지 못했습니다. 하나님께서는 이스라엘 백성을 택하셔서 하나님의 말씀을 맡기시고 그들을 전 세계의 모든 족속을 위한 제사장 나라로 세우셨건만, 그들은 자신들조차도 구원에 이르지 못한 채 자기의 의를 내세우는 종교적 행위에만 몰두해 있었습니다.

그러다가 하나님께서 때가 되매 이스라엘 민족 가운데 약속하신 대로 당신의 외아들이신 예수 그리스도를 구원자(메시아)로 보내 주셨는데 그들은 예수님을 배척하고 핍박하고 끝내 십자가에 못 박아 죽였습니다. 로마의 총독 빌라도가 **"내가 보니 이 사람에게 죄가 없도다"** 하고 예수님을 놓아주려고 했으나, 이스라엘의 종교지도자들과 백성들은 예수님을 십자가에 못 박아 죽이라고 빌라도에게 강청했습니다. 빌라도가 자기에게는 책임이 없다는 뜻으로 손을 씻으며 **"이 사람의 피에 대하여 나는 무죄하니 너희가 당하라"** 하자, 이스라엘 백성들은 **"그 피를 우리와 우리 자손에게 돌릴찌어다"(마 27:25)**라고 외쳤습니다. 그리고 그들이 자신 있게 외친 말대로 당시의 이스라엘 백성들뿐 아니라 그들의 후손들은 성자(聖子) 예수 그리스도를 못 박아 죽인 죗값을 혹독하게 치렀습니다.

이스라엘 민족이 자초한 대가(代價)

이스라엘 백성들은 하나님께서 약속대로 보내 주신 구원자를 홀대했습니다. 그들은 자기들을 위해서 육신을 입고 오셔서 인류의 대표자인 세례 요한에게 안수의 형식으로 세례를 받으심으로 자신들의 죄를 포함해서 인류의 모든 죄를 담당하신 하나님의 아들을 배척하여, "그 피를 우리와 우리 자손에게 돌릴찌어다"(마 27:25)라고 외치며 십자가에 못 박아 죽였습니다. 그로 말미암아 예수님께서 부활하신 후 약 40년이 지난 AD 70년경에 이스라엘 백성은 로마제국에 대항하여 반란을 일으켰다가 로마 황제의 아들인 티투스 장군에 의해 처참한 패배를 당합니다. 수많은 사람들이 포로가 되어 로마로 끌려가고 이스라엘 백성들을 자기 땅에서 쫓겨나 유랑하는 백성이 되었습니다. 그리고 예루살렘 성전은 주님께서 예언하신 대로 돌 하나도 돌 위에 얹어 있지 않을 정도로 완전히 훼파되었습니다. 그때에 이방 땅으로 흩어진 유대인들은 디아스포라(Diaspora)라고 불리는 공동체를 형성하고 이방 족속들 가운데서 천더기로 살게 되었습니다. 그들은 예수님을 못 박아 죽인 죄를 뒤집어쓰고 모든 민족들 가운데 멸시와 박해를 받았습니다. 2차 대전 때에는 히틀러가 유대인들을 가스실에 몰아넣고 학살했는데, 학살당한 유대인의 수가 공식적으로만 6백만 명입니다. 수백만의 이스라엘 백성들이 그렇게 끔찍한 학살을 당한 것이 우연한 일일까요? 그것은 "그 피를 우리와 우리 자손에게 돌릴찌어다"(마 27:25)라고 외치며 하나님의 사랑을 거부했던 죄의 대가입니다.

그런데 정말 기이하게도 하나님께서 이스라엘 민족을 흩으신 지 거의 2,000년 만에 이스라엘 나라가 재건되었습니다. 웬만한 나라는 타국의 통치를 받으면 100년도 못 가서 자기의 언어조차 잃어버리고 나라가 없어집니다. 그런데 나라를 잃은 지 거의 2,000년 만인 1948년에 다시 이스라엘 나라가 재건되었습니다. 이스라엘 나라를 상징하는 무화과나무가 완전히 말라 죽어서 없어진 줄 알았는데 근 2,000년 만에 그 가지가 연해지더니 새 이파리를 내게 되었고 지금은 이스라엘 나라가 중동의 강대국으로 자리를 잡았습니다.

주님의 재림의 날이 멀지 않았습니다

"무화과나무의 비유를 배우라 그 가지가 연하여지고 잎사귀를 내면 여름이 가까운 줄을 아나니 이와 같이 너희도 이 모든 일을 보거든 인자가 가까이 곧 문 앞에 이른 줄 알라"(마 24:32-33).

지금은 마지막 때입니다. 이제는 주님께서 다시 오실 날이 멀지 않습니다. "그때가 몇 년 몇 월 며칠이다"라고 말하는 것은 이단의 교설(巧說)입니다. 다만 우리는 이스라엘 나라가 재건된 것을 기준으로 인류의 역사는 종말의 때에 들어섰다는 사실을 믿어야 합니다. 주님께서는 약속하신 대로 반드시 다시 오십니다. 예수님께서 **"그러나 그 날과 그 때는 아무도 모르나니 하늘의 천사들도, 아들도 모르고 오직 아버지만 아시느니라"**(마 24:36)고 말씀하셨지만, 사실은 예수님도 다 아실 것입니다. 예수님은 하나님 아버지와 하나이신데 어찌 모르시겠어요? 그런데 만일 예수님께서 **"그날과 그 때"**를 아신다고 하면 제자들이 "그때를 알려달라"라고 얼마나 성가시게 굴겠습니까? 또 도적이 어느 경점(更點)에 올 줄 알면 그 시간이 되기까지는 딴짓을 하면서 깨어 있지 않습니다. 하나님께서는 우리가 믿음에 거하며 항상 깨어서 하나님의 일을 하기를 원하십니다. 그래서 주님께서는 그때를 모른다고 하셨고 또 우리가 **"그때"**를 모르는 것이 우리에게도 유익합니다.

노아의 때에도 그랬습니다. 하나님께서 하늘의 창들을 여시고 비를 들어붓는 정확한 시점을 노아도 몰랐습니다. 하나님께서 노아의 가족에게 방주에 들어가라고 하셨을 때에야 비로서 노아는 **"그 날과 그때"**가 임박한 줄 알았습니다. 노아와 그의 가족이 방주에 들어가자 하나님께서 방주의 문을 닫아 주셨습니다. 하늘이 깜깜해지면서 비가 쏟아지더니 순식간에 마을이 물에 잠기자, 그래도 노아의 말을 듣고 긴가민가했던 자들은 방주로 막 뛰어와서 문을 두드렸을 것입니다. 문이 열렸을까요? 가수 문주란의 "동숙의 노래"라는 가요에는 "♬돌이킬 수 없는 죄 저질러 놓고~ ♬뉘우치면서 울어도 때는 늦으리~"라는 가사가 있습니다. **"보라 지금은 은혜 받을 만한 때요 보라 지금은 구원의 날이로다"**(고후 6:2)라고 말씀하셨지만, "지금"이라는 날들이 다 지나가고 **"그날과 그때"**에 하나님의 은혜의 문이 한 번 닫히면 그 문은 다시는 열리지 않습니다. 주께서 닫으시면 열 자가 없고 여시면 닫을 자가 없습니다. 구원 역사의 문이 닫히는 순간 모든 죄인들에게 "때는 늦으리"입니다. **"천지는 없어지겠으나 내 말은 없어지지 아니하리라"**(마 24:35)는 말씀대로 주님의 말씀은 한 점 한 획도 떨어지지 않고 그대로 다 이루어질 것입니다. 우리는 2,000년 동안 사라졌던 이스라엘 나라가 재건된 것을 기준으로 인류의 역사는 마지막 때에 들어섰다는 사실을 믿어야 합니다.

예수님을 믿는다고
무조건 다 휴거(携擧)되지는 않습니다

그러면 예수님을 믿는다고 다 휴거에 동참하느냐? 미련한 다섯 처녀들도 다 주님의 이름을 부르며 혼인잔치에 들어갈 것을 확신했던 자들입니다. 주님께서 공중에 다시 오셔서 휴거의 역사가 시작되면, 어떤 사람들에게는 "때는 늦으리"입니다. 슬기로운 다섯 처녀는 기름(성령)이 있어서 공중 혼인잔치에 들어갔지만, 죄 사함을 받지 못해서 기름(성령)이 없는 자들에게는 "때는 늦으리"입니다. 그때에 미련한 다섯 처녀가 주님께 와서 자기들도 들여보내 달라고 애걸복걸하겠지만 "때는 늦으리"입니다.

"그 때에 두 사람이 밭에 있으매 하나는 데려감을 당하고 하나는 버려둠을 당할 것이요 두 여자가 매를 갈고 있으매 하나는 데려감을 당하고 하나는 버려둠을 당할 것이니라"(마 24:40-41). 두 사람이 밭에 있다는 말씀은 두 사람 다 복음의 일꾼들이라는 뜻입니다. 농부가 밭에 씨를 뿌리듯, 나름대로는 복음을 전한다고 하는 자들이 많습니다. 믿는 자들은 사람들의 마음밭에 말씀의 씨를 뿌리지만 진리의 복음을 뿌리는 자들이 있고 다른 복음, 즉 사단 마귀가 변조한 사이비(似而非) 복음을 뿌리는 자들이 있습니다. 또 **"두 여자"**에 대하여 말씀하셨는데, 성경에서 여자는 교회를 지칭합니다. 그러므로 예수님의 이름을 부른다고 아무 교회의 교인이나 다 휴거에 동참하지는 못합니다. 물과 피의 복음을 믿어서 죄 사함을 받고 성령을 선물로 받은 의인들만 **"데려감을 당"**합니다.

휴거(携擧)는 분명히 있습니다. **"주께서 호령과 천사장의 소리와 하나님의 나팔로 친히 하늘로 좇아 강림하시리니 그리스도 안에서 죽은 자들이 먼저 일어나고 그 후에 우리 살아 남은 자도 저희와 함께 구름 속으로 끌어 올려 공중에서 주를 영접하게 하시리니 그리하여 우리가 항상 주와 함께 있으리라"**(살전 4:16-17)고 성경에 분명히 기록되어 있습니다. 재난과 환란이 극심할 때에 마지막 나팔소리와 함께 우리 의인들은 홀연히 부활의 몸을 입고 공중으로 휴거 되어 주님과 함께 공중 혼인잔치를 벌일 것입니다. 예수님을 믿는다고 무조건 다 "데려감을 당"하는 것은 아닙니다. 하나님의 교회에 속한 자들, 즉 "물과 피의 복음"을 믿어서 거듭난 의인들만이 휴거에 참여한다고 성경은 분명히 말씀합니다.

충성되고 지혜로운 종의 삶

"그러므로 깨어 있으라"(마 24:42)고 주님께서 당부하십니다. 또한 "이 모든 것이 이렇게 풀어지리니 너희가 어떠한 사람이 되어야 마땅하뇨"(벧후 3:11)라고 말씀하십니다. 거듭난 의인들은 영적으로 깨어 있어서 주님께서 언제 오시든지 칭찬을 받을 믿음의 사람으로 남은 때를 살라는 말씀입니다. 우리는 주님께서 언제 오실지 알지 못합니다. 부활하신 주님께서 구름을 타고 승천하시는 장면을 바라보면서 예수님의 제자들은 망연자실(茫然自失)하고 있었습니다. 그때에 천사가 "갈릴리 사람들아 어찌하여 서서 하늘을 쳐다 보느냐 너희 가운데서 하늘로 올리우신 이 예수는 하늘로 가심을 본 그대로 오시리라"(행 1:11)고 일깨워 주었습니다. 동쪽에서 구름이 일어나면 "오늘 주님이 오시는가" 하며 하늘만 쳐다보고 있을 것이 아닙니다. 마지막 때를 사는 우리의 믿음은 어떠한 것이 되어야 합니까? 복음의 은혜를 먼저 입은 우리는 복음의 전파를 위해서 우리의 삶을 드립니다. 깨어 있는 성도는 먼저 "그의 나라와 그의 의"(마 6:33)를 구합니다. 마음에 진리의 사랑이 임해서 구속의 은혜를 입은 사람은 잎만 무성했던 무화과나무처럼 들레지 않고 잠잠히 열매를 맺습니다. 주님의 말씀을 믿는 의인들은 향유 옥합(玉盒)을 깨뜨리듯 자기의 삶 전체를 관제로 주님께 부어 드립니다.

"충성되고 지혜 있는 종이 되어 주인에게 그 집 사람들을 맡아 때를 따라 양식을 나눠 줄 자가 누구뇨"(마 24:45).

마지막 때에 주님께로부터 "**충성되고 지혜 있는 종**"이라고 칭찬을 받을 사람은 영혼들에게 생명의 양식을 나눠 주는 주의 일꾼들입니다. 주님께서 가장 기뻐하시는 일은, 지금 자기가 지옥으로 가고 있는 줄도 알지 못하고 지옥을 향해서 달려가고 있는 영혼들에게 진리의 복음을 전해 주는 일입니다. 우리가 거지를 데려다가 목욕을 시켜 주고 밥을 먹여 주거나 소외된 사람들에게 육신적인 사랑을 베푸는 것도 귀하고 아름다운 일이지만, 우리의 섬김이 육신적인 사랑에서 끝나면 그것은 아무것도 아닙니다. 만일 우리가 어떤 영혼들을 육신으로 돌보고 섬긴다면, 그것은 그들이 진리의 복음 안에 담긴 하나님의 사랑을 깨닫고 믿게 하기 위해서 그렇게 하는 것입니다. 죄인은 "**살아 있고 항상 있는 말씀**"(벧전 1:23)을 듣고 믿음으로 의인으로 거듭날 수 있습니다.

주님은 또한 "**그러므로 천국의 제자된 서기관마다 마치 새것과 옛것을 그 곳간에서 내어오는 집주인과 같으니라**"(마 13:52)고 말씀하셨습니다. 영혼들이 진리의 복음 말씀을 믿게 인도하려면, 하나님의 일꾼들은 옛것과 새것, 즉 구약과 신약의 말씀을 고루 능통하게 알고 또한 믿어야 합니다. "**내가 믿는 고로 말하리라**"(시 116:10)는 말씀대로 하나님의 종들이 먼저 말씀을 믿어야 담대하게 증거할 수 있고 또 그래야만 말씀이 능력으로 영혼들의 심령에 역사합니다. 사람이 거듭나는 것은 "**썩어질 씨로 된 것이 아니요 하나님의 살아 있고 항상 있는 말씀**"(벧전 1:23)으로 되는 것인데, 여기에서 "**말씀**"은 옛것과 새것, 즉 구약과 신약의 말씀을 지칭합니다. 우리는 죄인들에게 "**새것과 옛것**"을 두루 전해 주어야 합니다. 영혼들에게 구약의 레위기 말씀에 기록된 대속의 제사법을 가르쳐 주고, 예수 그리스도께서 율법에 속한 제사법대로 우리를 위해서 **"한 영원한 제사"**(히 10:12)를 드려 주셨다는 진리를 소상하게 알려 주어야 합니다. 하나님의 교회는 성도들에게 구약과 신약의 말씀을 자세하게 가르칩니다. 그래서 그들이 마음에 복음의 말씀을 믿고 간직하고 있다가 어떤 죄인들을 만나면 자기도 **"충성되고 지혜 있는 종이 되어"** 자기의 마음속에 있는 옛것과 새것을 능숙하게 꺼내어 전해 줌으로써 그들의 영혼이 죄 사함을 받도록 인도합니다. 마지막 때에 우리는 다 지혜롭고 충성된 복음의 일꾼으로 살아야 합니다.

외식하는 자의 받을 심판

"만일 그 악한 종이 마음에 생각하기를 주인이 더디 오리라 하여 동무들을 때리며 술친구들로 더불어 먹고 마시게 되면 생각지 않은 날 알지 못하는 시간에 그 종의 주인이 이르러 엄히 때리고 외식하는 자의 받는 율에 처하리니 거기서 슬피 울며 이를 갊이 있으리라"(마 24:48-51).

진리의 복음을 알고 있으면서도 여전히 자기 육체의 쾌락과 유익만 구하며 복음을 전파하는 데에는 전혀 마음이 없는 자가 바로 **"악한 종"**입니다. 주님께서는 우리에게, **"너희는 먼저 그의 나라와 그의 의를 구하라"**라고 말씀하셨는데, 악한 종들은 자신의 이익과 쾌락을 **"먼저"** 구합니다. 그런 자들은 반드시 **"외식하는 자의 받을 율"**에 처합니다. 그런 자들을 지옥에 보내시겠다는 주님의 말씀입니다.

우리끼리는 얼마든지 경건한 척하며 속일 수도 있지만 주님은 누구에게도 속지 않는 분입니다. 주님은 불꽃 같은 눈으로 우리의 마음 중심을 살피고 꿰뚫어 보시는 하나님입니다. 주님의 사랑을 진정으로 입은 사람은 "주님, 저는 일만 달란트 빚진 자였는데 주님께서 나의 모든 빚을 탕감해 주셨습니다. 이제 저의 남은 생애를 복음 전파에 다 드려도 저는 조금도 아깝지 않습니다" 하고 고백합니다. 베다니의 마리아는 소문난 죄인이었습니다. 그런데 그 여인은 **"물과 피의 복음"**을 듣고 믿음으로 값없이 죄 사함을 받았습니다. 그래서 그 여인은 예수님의 장례를 준비하기 위해서 조용히 주님의 발에 엎드려 자기의 전 재산과 같은 향유 옥합(玉盒)을 깨뜨렸습니다. 진정으로 거듭난 성도는 무화과나무 열매처럼 아무것도 들레지 않고 조용히 그리고 알차게 의의 열매를 맺습니다. 하나님의 종들은 주님께서 주시는 은혜로 말미암아 복음을 섬기는 것이기 때문에 복음을 좀 섬긴다고 자랑하며 요란을 떨지 않습니다.

"저를 아노라 하고 그의 계명을 지키지 아니하는 자는 거짓말하는 자요 진리가 그 속에 있지 아니하되 누구든지 그의 말씀을 지키는 자는 하나님의 사랑이 참으로 그 속에서 온전케 되었나니 이로써 우리가 저 안에 있는 줄을 아노라 저 안에 거한다 하는 자는 그의 행하시는 대로 자기도 행할지니라"(요일 2:4-6).

예수님께서 물과 피로 임하셔서 자신의 죄를 어떻게 없애 주셨는지를 안다고 말을 하면서, 실제로는 서로 사랑하라는 **"그의 계명"**을 지키지 않는 자는 거짓말하는 자입니다. **"그의 계명"**은 **"진리의 사랑"**(살후 2:10)을 베푸는 것인데, 그 사랑은 진리의 복음으로 영혼들을 구원해 주는 사랑입니다. 하나님께서 기뻐하시는 사랑은 **"진리의 사랑"**입니다. 그런데 주께로부터 구원을 받았다고 말하면서 계명을 지키지 않는 자들이 많습니다. 냉정하게 말하자면, 그런 자는 아직 주 안에 있는 사람이 아닙니다. 그러므로 자기 마음에 복음을 섬기고자 하는 마음이 없다면 정신 차리고 속히 복음을 온전히 믿어서 주 안에 거하길 바란다고 사도 요한은 말씀합니다.

"자녀들아 우리가 말과 혀로만 사랑하지 말고 오직 행함과 진실함으로 하자 이로써 우리가 진리에 속한 줄을 알고 또 우리 마음을 주 앞에서 굳세게 하리로다 우리 마음이 혹 우리를 책망할 일이 있거든 하물며 우리 마음보다 크시고 모든 것을 아시는 하나님일까 보냐 사랑하는 자들아 만일 우리 마음이 우리를 책망할 것이 없으면 하나님 앞에서 담대함을 얻고 무엇이든지 구하는 바를 그에게 받나니 이는 우리가 그의 계명들을 지키고 그 앞에서 기뻐하시는 것을 행함이라 그의 계명은 이것이니 곧 그 아들 예수 그리스도의 이름을 믿고 그가 우리에게 주신 계명대로 서로 사랑할 것이니라 그의 계명들을 지키는 자는 주 안에 거하고 주는 저 안에 거하시나니 우리에게 주신 성령으로 말미암아 그가 우리 안에 거하시는 줄을 우리가 아느니라"(요일 3:18-24).

"그의 계명은 이것이니 곧 그 아들 예수 그리스도의 이름을 믿고 그가 우리에게 주신 계명대로 서로 사랑할 것이니라"라고 말씀하셨습니다. "그 아들 예수 그리스도를 믿고"―주의 계명을 지키려면 먼저 하나님의 외아들이신 예수님께서 **"물과 피로 임"**(요일 5:6) 하셔서 우리의 모든 죄를 다 없애 놓으셨다는 진리의 복음을 믿음으로 죄 사함을 받아야 합니다. 거듭나야만 **"진리의 사랑"**을 알게 되고 하나님께서 **"어떠한 사랑"**(요일 3:1)을 우리에게 베푸셨는지를 알아야만 우리도 **"진리의 사랑"**으로 영혼들을 사랑할 수 있습니다.

"이 모든 것이 이렇게 풀어지리니 너희가 어떠한 사람이 되어야 마땅하뇨"(벧후 3:11)라고 우리에게 물으십니다. 마지막 때에 우리는 주의 계명을 충성되게 섬기는 자가 되어야 마땅합니다.

말씀을 마쳤습니다.

성령을 받는 자는 누구인가?

"그 때에 천국은 마치 등을 들고 신랑을 맞으러 나간 열 처녀와 같다 하리니
그 중에 다섯은 미련하고 다섯은 슬기 있는지라
미련한 자들은 등을 가지되 기름을 가지지 아니하고
슬기 있는 자들은 그릇에 기름을 담아 등과 함께 가져갔더니
신랑이 더디 오므로 다 졸며 잘쌔
밤중에 소리가 나되 보라 신랑이로다 맞으러 나오라 하매
이에 그 처녀들이 다 일어나 등을 준비할새
미련한 자들이 슬기 있는 자들에게 이르되 우리 등불이 꺼져가니 너희 기름을 좀 나눠 달라 하거늘
슬기 있는 자들이 대답하여 가로되 우리와 너희의 쓰기에 다 부족할까 하노니 차라리 파는 자들에게 가서 너희 쓸 것을 사라 하니
저희가 사러 간 동안에 신랑이 오므로 예비하였던 자들은 함께 혼인 잔치에 들어가고 문은 닫힌지라
그 후에 남은 처녀들이 와서 가로되 주여 주여 우리에게 열어 주소서
대답하여 가로되 진실로 너희에게 이르노니 내가 너희를 알지 못하노라 하였느니라
그런즉 깨어 있으라 너희는 그 날과 그 시를 알지 못하느니라"(마 25:1-13).

성도 여러분, 안녕하셨습니까? 오늘이 12월 13일이니까 올해도

이제 20일이 채 남지 않았습니다. 이제 앞으로 열흘만 있으면 동지(冬至)입니다. 기온이 많이 차지고 해도 무척 짧아졌습니다. 어쨌든 올해도 다 지나갔습니다. 얼마나 세월이 빨리 지나가는지 한 해가 지나가는 것이 마치 한 달이 지나간 듯 느껴집니다. 우리의 일할 수 있는 날들이 제한되어 있으니 우리가 깨어서 정신을 차리고 부지런히 복음 전파의 일을 하다가 주님께로 가기를 저는 소망합니다.

공중 혼인잔치에 들어가는 슬기로운 신부들

오늘의 본문에서 주님은 "**그때에 천국은**"이라고 말씀하셨는데, 그때는 세상 종말의 때를 의미합니다. 주님께서 재림하실 때에 천국 혼인잔치에 들어가는 자가 누구인가에 관한 말씀입니다. "**그 때에 인자의 징조가 하늘에서 보이겠고 그 때에 땅의 모든 족속들이 통곡하며 그들이 인자가 구름을 타고 능력과 큰 영광으로 오는 것을 보리라**"(마 24:30)고 말씀하셨습니다. 주님께서 재림하실 때에는 일차적으로 공중에 임하십니다. 예수님께서는 천군천사와 함께 하나님의 영광을 장대하게 드러내시면서 먼저 공중에 임하십니다. 우리가 장차 재림하시는 주님의 위용을 보게 될 터인데, 그 장면이 얼마나 웅장하며 영광스러울지 상상을 해 봅니다. 주님께서 공중에 임하시는 날이 의인들의 부활과 휴거(携擧)의 날입니다. 그날에 거듭난 의인들의 몸은 하나님의 능력으로 순식간에 변화됩니다. 그래서 신령한 몸을 입고 공중으로 들어올려집니다. 그것이 휴거(携擧, Rapture)입니다.

요즘엔 쑥 들어갔지만 한동안 세상의 종말과 휴거에 관한 영화들이 참으로 많이 나왔습니다. 그런 영화에서 성도들이 하늘로 끌려 올라가는 장면들은 허구가 아닙니다. 주님의 재림과 의인들의 휴거는 하나님 말씀대로 반드시 이루어질 것입니다. 우리 의인들은 그때 홀연히 변화되고 공중으로 들려 올라가서 공중에서 신랑이신 주님을 만나서 공중 혼인잔치를 벌일 것입니다. 그때에 우리는 얼마나 기쁨이 충만하겠습니까? 그러나 휴거에 동참하지 못한 죄인들에게는 그날이 멸망의 날입니다. 주님께서 의인들을 공중으로 싹 뽑아 올리시고 나면, 이 땅에는 주님을 대적하고 의인들을 핍박하며 자기 육신만을 위해서 살았던 죄인들만 남습니다. **"존귀에 처하나 깨닫지 못하는 사람은 멸망하는 짐승같도다"**(시 49:20)라는 말씀대로, 그들도 하나님의 진리의 말씀을 귀담아듣고 죄 사함을 받았더라면 얼마든지 우리와 함께 하나님의 자녀가 되는 존귀함을 얻을 수 있었습니다. 그런데 자기의 고집과 회개치 않는 마음 때문에 그들은 멸망을 받게 되었습니다. 하나님께서는 오랫동안 기다리시며 그들에게도 긍휼을 베푸셨는데 이제는 은혜의 문은 닫히고 그들은 긍휼 없는 심판을 받아야만 합니다. 하나님께서 모든 의인들을 이 땅에서 불러 올리신 후에 일곱 대접의 진노를 부으셔서 이 땅을 완전히 초토화시킵니다.

　주님의 천사들이 일곱 대접의 진노를 무차별적으로 부어서 이 땅의 죄인들에게 충분한 죄의 대가를 치르게 한 후에, 주님께서는 만물을 새롭게 하십니다. 주님께서 말씀으로 이 땅을 새롭게 하셔서, 이 땅은 황무지가 장미꽃 정원같이 변하고 사자들이 어린양과 뛰노는 **지상낙원**(地上樂園)이 됩니다. 그때에 주님은 모든 의인들과 함께 공중에서 이 땅으로 내려오셔서 이 땅을 천 년 동안 통치하십니다. 천년왕국의 기간은 의인들에게 베푸시는 보상(報償)의 기간입니다. 이 땅에서 복음을 위해서 자기를 희생하고 주님의 뜻에 순종한 의인들은 분봉왕(分封王)으로 세움을 받고 각각 열 고을, 다섯 고을, 또는 두 고을의 영지(領地)를 상으로 받아서 천 년 동안 주님과 더불어 왕 노릇을 할 것입니다.

천년왕국의 시대가 다 차고 나면 주님께서는 최후의 심판을 베푸십니다. 그때까지 살아 있는 죄인들에게도 영생의 몸을 입혀 주시고 죄 사함 받지 못하고 죽었던 자들도 그때 다시 영생의 존재로 부활시켜서 심판을 받게 하십니다. 주님께서는 심판장이 되셔서 그들을 사단 마귀의 무리와 함께 영원히 꺼지지 않는 불과 유황의 못에 던지시고 다시는 그곳에서 나오지 못하도록 지옥의 문을 딱 닫아 버리십니다. 그 후에 우리 주님께서는 당신의 백성들을 데리고 위에서부터 내려오는 영원한 천국인 새 예루살렘 성으로 들어가십니다. 그곳에서 우리는 성삼위의 하나님(성부 하나님, 성자 하나님, 성령 하나님)과 함께 영원토록 복락을 누릴 것입니다.

슬기로운 다섯 처녀와 미련한 다섯 처녀의 차이점

주님께서 재림하실 그때에 주님을 믿는 자들 중에서도 어떤 자들은 공중 혼인잔치에 들어가지만 어떤 자들은 들어가지 못합니다. 슬기로운 처녀들은 등과 기름을 같이 준비했는데 미련한 처녀들은 등만 준비했고 기름은 없었습니다. 공중 혼인잔치에 들어간 슬기로운 다섯 처녀들과 들어가지 못한 미련한 다섯 처녀들의 유일한 차이는 그들에게 기름이 있느냐 아니면 기름이 없느냐는 점입니다. 성경에서 촛대나 등은 교회를 계시하고 기름은 성령님을 의미합니다. 사도 요한은 환상 중에 일곱 촛대를 보았고 일곱 촛대 사이에 인자 같은 분께서 서 계신 것을 보았습니다. 그분은 요한에게 "**네 본 것은 내 오른손에 일곱 별의 비밀과 일곱 금 촛대라 일곱 별은 일곱 교회의 사자요 일곱 촛대는 일곱 교회니라**"(계 1:20)고 말씀하셨습니다. 이와 같이 촛대나 등은 교회를 계시합니다. 교회는 이 세상의 어둠 가운데서 진리의 빛을 비춰 주는 하나님의 등불입니다. 그리고 촛대의 빛을 밝혀 주는 기름은 성령님을 의미합니다.

그러면 예수님을 믿기만 하면, 즉 교회만 다니면 다 성령을 받습니까? 미련한 처녀들은 등은 준비했지만 기름이 준비되어 있지 않아서 천국의 혼인잔치에 들어가지 못했듯이 성령을 받지 못한 기독교인들이 많습니다. 그러면 사람이 어떻게 성령을 선물로 받습니까? 소위 신령하다는 목사님들이 교인들의 머리에 안수를 하고서 "우랄랄라라라~" 하며 방언으로 기도하면 성령을 받습니까? 어떤 사기꾼 목사들은 성령을 받은 징표는 방언(方言)이라고 속입니다. 그들은 "성령폭발 대성회"라는 이름으로 집회를 열고 교인들에게 집단적으로 방언 연습(?)을 시킵니다. 그런 곳에는 사단 마귀가 강력한 능력으로 역사합니다. 여기저기서 눈이 뒤집힌 사람들이 두 손을 들어 흔들면서 희한한 소리를 내지르며 집단 발작 증상을 보입니다. 몇몇 사람은 몸을 마구 떨면서 쓰러집니다. 그러면 교인들은 쓰러진 사람이 "입신(入神)"의 은사를 받았다고 박수를 치며 좋아합니다. 그런 짓들은 다 마귀의 역사입니다.

죄가 있는 자의 마음에는 성령님이 임할 수 없습니다. 사도 베드로는 오순절에, "**너희가 회개하여 각각 예수 그리스도의 이름으로 세례를 받고 죄 사함을 얻으라 그리하면 성령을 선물로 받으리니**"(행 2:38)라는 말씀을 선포했습니다. 누구든지 반드시 죄 사함을 받아서 거룩한 심령이 되어야만 성령님을 선물로 받습니다. 죄가 눈곱만큼만 있어도 죄인의 마음에는 성령님이 절대로 임하지 않습니다. 진리의 원형복음인 **"물과 피의 복음"**을 믿어서 온전히 죄 사함을 받은 사람만이 성령을 선물로 받고 기름을 준비한 하나님의 자녀가 됩니다. 죄 사함을 받으려면 반드시 예수 그리스도께서 인류의 대표자인 세례 요한에게 안수의 형식으로 받으신 세례를 믿어야 합니다. **"너희가 각각 회개하여 예수 그리스도의 이름으로 세례를 받고"**라는 말씀에서, **"이름"**은 어떤 사물의 본질(本質)을 의미하는데 **"예수"**라는 이름은 구원자라는 뜻입니다. **"예수 그리스도의 이름"**이란 메시아로 오신 예수님께서 당신의 몸을 인류의 대속제물로 드리기 위하여 인류의 대표자인 세례 요한에게 세례를 받으심으로 세상 죄를 단번에 담당하시고 십자가에서 피 흘려 돌아가심으로 우리 인류의 모든 죄를 다 없애 주셨다는 주님의 구원 사역을 의미합니다. 따라서 **"예수 그리스도의 이름으로 세례를 받고"**라는 말씀은 "예수 그리스도께서 육신을 입고 이 땅에 오셔서 **"물과 피"**(요일 5:6)로 우리 인류를 구원하셨다고 선포하는 진리의 원형복음(原形福音)을 믿음으로 죄 사함을 받고 마음에 죄가 전혀 없는 의인으로 거듭나는 것"을 의미합니다.

"안수"(按手)는 **"죄가 넘어가다"**(레 16:21)라는 뜻입니다. 구약 시대에는 죄인이 흠 없는 희생제물의 머리에 안수하면 그의 죄가 희생제물에게 넘어가고, 그 제물이 대신 피 흘려 죽음으로 죄인들이 죄 사함을 받게 하셨습니다. 이것은 우리를 불쌍히 여기신 하나님의 구원의 법입니다. 이러한 속죄의 제사법은 **"장차 오는 좋은 일의 그림자"**(히 10:1)였습니다. 성자(聖子) 하나님이신 예수님께서 육신을 입고 흠 없는 제물로 이 땅에 오셔서 인류의 대표자인 세례 요한에게 안수의 형식으로 세례를 받으셨을 때에 인류의 모든 죄가 단번에 예수님께로 넘어갔습니다. 그래서 예수님은 당신에게 세례를 베풀기를 주저하던 세례 요한에게 **"이제 허락하라 우리가 이와 같이 하여 모든 의를 이루는 것이 합당하니라"**(마 3:15) 하고 준엄하게 명령하신 것입니다. 예수님께서 받으신 세례로 이 세상의 모든 죄는 단번에 예수님께로 넘어갔기에, 우리 인류에게는 **"모든 의"**가 이루어졌습니다. 예수님께서 받으신 세례로 우리 인류의 모든 죄를 담당하셨기에 이제 당신은 그 죗값을 치르기 위해 돌아가셔야만 했습니다. 인과관계(因果關係)를 굳이 따지자면, 십자가는 세례의 결과입니다. 예수님께서 받으신 세례가 없었다면 주님께서 돌아가신 십자가도 아무 의미가 없습니다. 예수님께서 받으신 세례는 우리의 구원에 있어서 불가결(不可缺)한 주님의 사역입니다.

그러면 성도들이 받는 세례는 무슨 의미입니까? 예수 그리스도의 이름을 믿음으로 마음의 모든 죄가 씻긴 성도(聖徒)들은 진리의 복음을 믿어서 거듭난 후에 "저는 예수님께서 받으신 세례와 십자가의 피를 믿음으로 단번에 영원한 죄 사함을 받았습니다"라는 믿음의 고백으로 물로 세례를 받는 것입니다. 예수님께서 받으신 세례를 믿지 않는다면 어느 누구도 죄 사함을 받을 수 없습니다. 그래서 초대교회 시절에는 하나님의 교회가 매년 첫 번째 주일을 "예수님의 세례 대축일(大祝日)"로 기념했습니다. 사도 요한은 예수님을 가리켜, **"이는 물과 피로 임하신 자니 곧 예수 그리스도시라 물로만 아니요 물과 피로 임하셨고 증거하는 이는 성령이시니 성령은 진리니라"**(요일 5:6-7)고 선포했습니다. 예수님께서 행하신 구원의 사역에서 **"물"**을 빼버리고 **"피"**만으로 죄 사함을 받을 수 있겠습니까? 내 죄가 예수님께로 넘어간 증거의 말씀이 없는데 마음의 죄가 흰 눈같이 씻어지겠습니까? 그래서 사단 마귀는 복음에서 예수님의 세례를 빼버리고 십자가의 피만을 남겨 주면 기독교인들이 평생 동안 예수님을 실컷 믿고도 죄 사함을 받지 못할 것을 잘 알고서 반쪽 복음인 **"예수님의 피만의 복음"**을 퍼뜨렸습니다. 그런 복음은 **"다른 복음"**(갈 1:7-8)입니다. 그 결과 지금은 진리의 복음이 아닌 **"예수님의 피만의 복음,"** 즉 **"다른 복음"**이 온 땅을 뒤덮고 있습니다. 생각해 보십시오. 자전거에서 앞바퀴를 떼어 버렸다면 그런 자전거를 타고 달릴 수 있겠습니까? 지금의 기독교인들은 앞바퀴를 떼어 버린 반쪽짜리 자전거를 타고 힘차게 달려보겠다고 용을 쓰는 꼴이니 참으로 안타깝기 그지 없습니다.

먼저 참된 회개가 있어야 합니다

"너희가 각각 회개하여 예수 그리스도의 이름으로 세례를 받고 죄 사함을 얻으라 그리하면 성령을 선물로 받으리니"—구원의 첫 단추는 **"너희가 각각 회개하여"**라는 말씀입니다. 누구든지 성령을 받으려면 먼저 죄 사함을 받아야 하고, 죄 사함을 받으려면 먼저 참된 회개를 해야 합니다. 진솔한 회개가 없는 사람의 마음에는 예수 그리스도의 복음도 제대로 심어지지 않고 어찌해서 복음의 씨가 심어진다고 해도 믿음의 뿌리를 내리지도 못합니다. 참된 회개는 자기가 지옥에 가야 할 자라고 인정하고 하나님의 긍휼히 여기심을 간청하는 것입니다. "하나님, 저는 지옥 갈 자입니다. 하나님 저를 불쌍히 여겨서 구원해 주십시오" 하고 자기의 악한 길에서 돌이키는 것이 회개입니다. 자기의 옳음(의)이 많은 사람은 참된 회개에 이르지 못하고 죄 사함도 받지 못합니다. 자기가 지옥 갈

자라고 여기지 않는 사람은 아무리 복음을 믿는다고 해도 복음이 그의 마음에 뿌리를 내리고 꽃을 피우지 못합니다. 자기에게는 의가 전혀 없고 오직 죄악만 가득하다는 사실을 인정하는 자라야 주님이 진리의 복음으로 구원의 팔을 내미실 때에 감사함과 절실함으로 구원의 복음을 붙들고 믿어서 죄 사함을 받습니다.

예수님께서는 "**나는 의인을 부르러 온 것이 아니라 죄인을 불러 회개시키러 왔다**"라고 말씀하셨는데, 기독교인들 중에는 예수님의 은혜에 주리지 않는 자칭(自稱) 의인들, 즉 현대판 바리새인들이 많습니다. 그런 자들은 자기가 너무 옳고 잘났으며 자랑할 것이 너무나 많아서 하나님 앞에서조차 떳떳한 사람들입니다. 그런 자들은 사실 아무리 복음을 듣고 믿는다고 고백하더라도 그것은 그냥 입술의 고백에 불과합니다. 그런 자칭(自稱) 의인들은 주님께서 자기를 구원하시려고 당신의 생명을 내어 주셔서 완성하신 **물과 피의 복음**"이 별로 감사할 것이 없습니다. 그런 사람들은 오히려 자기들이 주님께 큰 부조를 하고 있다고 여깁니다. 그런 자들은 "물과 피의 복음을 믿는 이들이 별로 없는데, 내가 당신을 믿어 드리니 고마운 줄 아십시오"라는 심보로 주님 앞에서조차 의기양양합니다. 그렇게 회개할 것이 없는 심령에게는 성령께서 임하시지 않습니다. 성령은 하나님입니다. 그리고 성령 하나님은 우리의 마음 중심을 속속들이 아십니다. 자기의 잘남, 자기의 옳음, 자기의 공로로 가득 찬 사람은, 그가 아무리 복음을 청산유수처럼 외우고 고백한다고 해도 "**너희가 회개하여**"라는 구원의 첫 단계에서부터 탈락입니다.

"**너희가 회개하여 각각 예수 그리스도의 이름으로 세례를 받고 죄 사함을 얻으라 그리하면 성령을 선물로 받으리니**"—사람이 성령을 선물로 받는 유일한 길은 각자가 자신은 지옥에 가야 할 죄인인 것을 인정하고 회개하여 예수 그리스도께서 받으신 세례와 십자가의 죽으심을 믿음으로 죄 사함을 받는 길뿐입니다. 이 방법 외에 다른 구원의 길은 없습니다. "신령하다는 ○○○목사가 내게 다가와서 내 머리에 안수하고 방언으로 기도하자, 그때에 내 입에서도 방언이 터지면서 내 몸이 불덩이처럼 뜨거웠는데, 그 후로 나는 하나님의 사랑을 깨닫고 나도 나의 여생을 주님을 위해서 살기로 했다"—이런 간증이 기독교 안에 수없이 많은데, 그것은 성령의 역사가 아닙니다. 성령님은 죄 사함을 받아서 거룩해진 성도의 마음에만 임하십니다.

여러분이 진리의 복음을 믿음으로 죄 사함을 받았다면 여러분의 마음에는 분명히 성령님께서 거(居)하십니다. 그리고 생명체는 자라나게 되어 있습니다. 성령을 받은 심령은 생명이 시작되었기 때문에 교회 안에서 하나님의 말씀을 들으면서 조금씩 조금씩 자라납니다. 그리고 어느 정도 자라면서 철이 듭니다. 사람도 철이 들면 부모에게 감사할 줄도 알고 자기가 마땅히 해야 할 일을 찾아서 자원(自願)함과 기쁨으로 집안일을 하지 않습니까? 이와 같이 죄 사함을 받고 성령을 선물로 받은 성도가 교회 안에서 말씀의 젖을 먹고 자라나면, 자기 육신의 소욕보다는 점점 더 주님의 뜻을 따라가게 됩니다. 우리가 거듭나기 전에는 육체의 욕망만을 좇아 행했는데, 이제는 주님의 뜻을 좇는 것이 더 기쁘고 감사하게 됩니다.

기름(성령)이 없는 기독교인들

미련한 다섯 처녀에게는 기름(성령)이 없었습니다. 방언을 하고 환상을 보았다고 성령을 받은 줄로 압니까? 미련한 처녀들은 자기들에게도 기름이 있었다고 생각하고 있었는데, 실상 그것은 사단 마귀에게 속아서 착각하고 있었던 것에 불과했습니다. 진정으로 회개하고 예수 그리스도의 진리의 복음을 믿어서 죄 사함을 받고 성령을 선물로 받은 사람은 아주 희귀(稀貴)합니다. 기독교인 중에 기름(성령)이 없는 사람이 99.9%라고 해도 과언이 아닙니다. 우리는 진정 희귀한 은총을 입었습니다. 그렇다고 우리가 교만할 것은 전혀 없습니다. 우리가 주님의 진리의 복음을 만난 것도 전적으로 주님의 은총입니다.

등만 준비하고 기름을 준비하지 못한 신부들은 천국 혼인잔치에 들어가지 못했습니다. 그런데 등과 기름을 함께 준비한 처녀들은 등불을 켜서 들고 기뻐하면서 혼인잔치에 들어갔습니다. 기름이 없는 처녀들은 그 순간까지 자기들에게도 기름이 있다고 착각했을 것입니다. 그들도 **"보라 신랑이로다"** 하는 소리를 듣고 준비했던 등의 심지에 불을 붙였는데, 심지는 호르르 타버리더니 금새 꺼졌습니다. 그들은 다급한 나머지 슬기로운 처녀들에게 **"기름을 좀 나눠달라"**라고 부탁했습니다. 그러자 등과 기름을 다 준비했던 슬기로운 처녀들은 **"우리와 너희의 쓰기에 다 부족할까 하노니 차라리 파는 자들에게 가서 너희 쓸 것을 사라"**라고 그들에게 대답합니다. 이것은 죄 사함을 받지 못해서 성령을 받지 못했는데도 자기들도 성령을 받았노라고 고집을 부리며 회개하지 않았던 자들을 조롱하는 말입니다.

성령은 돈으로 살 수 있는 분이 아닙니다. 집사 스테반의 순교로 인해서 큰 핍박이 일어나자 집사 빌립은 사마리아 성에 내려가서 복음을 전했습니다. 하나님이 복음과 함께 큰 역사를 일으키셔서 귀신이 쫓겨나가고 앉은뱅이가 일어나기도 했습니다. 빌립이 베드로와 요한을 청해서 두 사도가 사마리아에 당도했습니다. 사도들이 사마리아 성에서 말씀을 들은 자들에게 안수하며 성령을 받기를 기도하자 그들이 성령을 받았습니다. 사마리아 성에 시몬(Simon)이라는 술사(術士)가 있었는데, 그는 마술로 사람들을 사로잡았던 자입니다. 시몬은 사도들에게 돈을 주며, **"이 권능을 내게도 주어 누구든지 내가 안수하는 사람은 성령을 받게 하여 주소서"**(행 8:19) 하고 간청했습니다. 베드로는 시몬에게 **"네가 하나님의 선물을 돈 주고 살 줄로 생각하였으니 네 은과 네가 함께 망할찌어다"** 하고 책망하며 회개할 것을 촉구했습니다.

성령(기름)은 사람의 공로나 노력으로 받지 못합니다. 헌금을 많이 한다고 성령을 받는 것도 아니고 산기도, 금식 기도, 또는 안수기도로 성령을 받는 것도 아닙니다. 오순절 교파에서는 "심령부흥 대성회"라는 플래카드를 내걸고 집회를 자주 하는데, 인도하는 목사가 마이크를 입에 대고 바람소리를 효과음으로 내며 "지금 성령님께서 예배당 안에 들어오셨습니다. 지금 예배당 좌측에 앉아계신 성도님들 위로 성령님이 운행하십니다. 여러분, 성령을 받으십시오!"라고 웃지 못할 사기를 칩니다. 그런 쇼를 보고 있노라면 부끄럽기 짝이 없습니다. 성령을 받는 다른 길이 없습니다. 오직 진정으로 회개하고 예수 그리스도의 이름으로 세례를 받음으로 죄 사함을 받아야만 성령을 선물로 받습니다. 주님의 세례를 믿지 않고는 성령을 받지 못합니다. **"물과 피로 임"**(요일 5:6)하신 주님의 복음을 믿지 않고서 성령 받았다고 하는 자들은 다 사기꾼들입니다. 그들은 하나님의 말씀을 부인하는 자들입니다.

"저희가 사러 간 동안에 신랑이 오므로 예비하였던 자들은 함께 혼인잔치에 들어가고 문은 닫힌지라"(마 25:10)—성령을 돈으로 산다는 것은 불가능한데도 그들은 여전히 기름을 사러 갔습니다. 그리고 천국의 문은 닫혔습니다. 천국의 문은 한 번 닫히면 끝입니다. 다시는 기회가 없습니다. 저들이 와서 문을 열어달라고 신랑에게 애걸복걸했는데 주님께서는 **"진실로 너희에게 이르노니 내가 너희를 알지 못하노라"**라고 말씀하십니다. 미련한 처녀들도 오랫동안 예수님을 자기들의 신랑이라고 철석같이 믿었습니다. 그런데 평생토록 신랑이신 예수님을 사모하며 기다렸던 자기들을 예수님께서 전혀 모른다고 하시니 그들은 억장이 무너집니다. 그러나 주님은 죄 사함을 받지 못한 자들을 알지 못합니다. 구약성경에서 **"안다"**라는 단어는 "야다"(Yadah)인데 이 단어는 "부부가 서로를 안다"라는 뜻입니다. 부부들은 서로 아무 거리낌이 없고 서로를 속속들이 압니다. 우리 주님도 당신의 신부인 우리들을 속속들이 아십니다. 또한 우리도 주님께서 우리를 어떻게 구원하셨는지, 우리를 얼마나 사랑하시는지를 속속들이 잘 압니다.

다시 오신 주님께서는 미련한 처녀들, 즉 오랫동안 예수님을 믿었지만 죄 사함 받지 못한 기독죄인들(Christian sinners)에게 **"나는 너희를 도무지 알지 못한다 불법을 행하는 자들아 내게서 떠나가라"**라고 준엄하게 말씀하실 것입니다.

"그런즉 깨어 있으라 너희는 그 날과 그 시를 알지 못하느니라"(마 25:13).

우리는 이 마지막 때에 복음의 최종 주자(走者)들로서 복음을 충성되게 전파하며 영적으로 깨어서 마음에 믿음을 지키고 있어야 합니다. 그래서 주님께서 우리들을 데리러 다시 오실 때에 "잘 하였도다"라고 칭찬받는 종들이 되기를 바랍니다.

말씀을 마쳤습니다.

구원의 은혜를 받은 분량

"또 어떤 사람이 타국에 갈제 그 종들을 불러 자기 소유를 맡김과 같으니

각각 그 재능대로 하나에게는 금 다섯 달란트를, 하나에게는 두 달란트를, 하나에게는 한 달란트를 주고 떠났더니

다섯 달란트 받은 자는 바로 가서 그것으로 장사하여 또 다섯 달란트를 남기고

두 달란트 받은 자도 그같이 하여 또 두 달란트를 남겼으되

한 달란트 받은 자는 가서 땅을 파고 그 주인의 돈을 감추어 두었더니

오랜 후에 그 종들의 주인이 돌아와 저희와 회계할째

다섯 달란트 받았던 자는 다섯 달란트를 더 가지고 와서 가로되 주여 내게 다섯 달란트를 주셨는데 보소서 내가 또 다섯 달란트를 남겼나이다

그 주인이 이르되 잘 하였도다 착하고 충성된 종아 네가 작은 일에 충성하였으매 내가 많은 것으로 네게 맡기리니 네 주인의 즐거움에 참예할찌어다 하고

두 달란트 받았던 자도 와서 가로되 주여 내게 두 달란트를 주셨는데 보소서 내가 또 두 달란트를 남겼나이다

그 주인이 이르되 잘 하였도다 착하고 충성된 종아 네가 작은 일에 충성하였으매 내가 많은 것으로 네게 맡기리니 네 주인의 즐거움에 참예할찌어다 하고

한 달란트 받았던 자도 와서 가로되 주여 당신은 굳은 사람이라 심지 않은데서 거두고 헤치지 않은데서 모으는 줄을 내가 알았

으므로

두려워하여 나가서 당신의 달란트를 땅에 감추어 두었었나이다 보소서 당신의 것을 받으셨나이다

그 주인이 대답하여 가로되 악하고 게으른 종아 나는 심지 않은데서 거두고 헤치지 않은데서 모으는 줄로 네가 알았느냐

그러면 네가 마땅히 내 돈을 취리하는 자들에게나 두었다가 나로 돌아 와서 내 본전과 변리를 받게 할 것이니라 하고

그에게서 그 한 달란트를 빼앗아 열 달란트 가진 자에게 주어라

무릇 있는 자는 받아 풍족하게 되고 없는 자는 그 있는 것까지 빼앗기리라

이 무익한 종을 바깥 어두운데로 내어쫓으라 거기서 슬피 울며 이를 갊이 있으리라 하니라"(마 25:14-30).

오늘의 본문 말씀 바로 앞에, 주님께서 "그런즉 깨어 있으라 너희는 그 날과 그 시를 알지 못하느니라"(마 25:13)고 권면하셨습니다. 영적으로 깨어 있는 사람은 이 세상의 보이는 것들에 마음을 빼앗기지 않습니다. "우리의 돌아보는 것은 보이는 것이 아니요 보이지 않는 것이니 보이는 것은 잠간이요 보이지 않는 것은 **영원함이니라**"(고후 4:18)고 성경은 말씀합니다. 우리가 살아가면서 고민을 하고 괴로워하고 서로 다투는 이유는 다 **"보이는 것들"** 때문입니다. 세상 사람들에게는 "돈이나 명예나 권력"과 같이 보이는 것들이 전부입니다. 그들에게는 그런 것들(돈, 명예, 권력)이 가치관의 정점(頂點)을 차지하고 있습니다. 여러분, 한번 생각해 보세요. 만일 여러분의 삶이 힘들고 괴롭고 원망스럽다면, 그 이유가 무엇

때문입니까? 돈 때문이 아닙니까? 물론 우리가 살아가려면 돈도 필요합니다만, 하나님께서 우리에게 영생을 주셨기 때문에 우리는 돈에 묶여서 살지는 않습니다. 우리는 먹을 것과 입을 것이 있으면 족한 줄로 알고, 복음을 마음에 간직하고 또 복음 전파를 위해서 우리의 삶을 드리는 것이 합당합니다.

주님의 간절한 교훈의 말씀

마태복음 25장은 세 가지 비유로 구성되어 있는데, 첫째는 열 처녀의 비유, 두 번째는 달란트의 비유, 세 번째는 양과 염소의 비유입니다. 이 세 가지 비유로써 주님께서는 천국의 비밀을 가르쳐 주셨습니다. 그 세 가지 비유 말씀 중에서 오늘은 두 번째 비유인 달란트의 비유를 여러분과 함께 상고하고자 합니다. "또 어떤 사람이 타국에 갈제 그 종들을 불러 자기 소유를 맡김과 같으니"(마 25:14)—이 비유 말씀은 주님께서 "그때에 천국은"(마 25:1)이라고 시작하신 천국에 관한 교훈의 계속입니다. 주님께서는 대제사장들과 백성들의 장로들에게 붙잡혀서 십자가에 달려 돌아가실 것을 다 아셨습니다. 이제 주님께서 제자들을 세상에 두고 가셔야 되었기에, 마지막으로 천국에 관한 비유의 말씀으로 제자들이 어떠한 믿음을 가져야 하는지를 당부하셨습니다.

종들과 회계(會計)하시는 주님

"오랜 후에 그 종들의 주인이 돌아와 저희와 회계할새"—주님께서 당신의 종들을 부르셔서 복음의 사역을 맡기시고 하나님 아버지께로 올라가셨습니다. 그리고 주님은 장차 이 땅에 다시 오셔서 당신의 종들이 맡겨진 복음 사역을 잘 감당했는지 회계(會計)하실 것입니다. 부활 승천하신 주님께서 다시 오시면 반드시 우리와 계산(셈)을 하십니다. 주님은 우리의 죄를 없애 주시기 위해서 아무 조건 없이 당신을 우리에게 내어 주신 분이지만, 은혜로 죄 사함을 받은 우리에게는 마냥 "마음씨 좋은 아저씨"처럼 모든 것을 다 용납하시지는 않습니다. 주님은 공의(公義)한 하나님입니다. 그래서 우리와 계산할 것은 공의하게 계산하시는 분입니다.

주님께서 멀리 떠나시기 전에 종들을 부르셔서 첫째 사람에게는 다섯 달란트를, 둘째 사람에게는 두 달란트를 주셨고 마지막 사람에게는 한 달란트를 맡기셨습니다. 물론 주님께서 은혜를 베푸실 때에 우리에게 차별 대우를 하시는 분은 아닙니다. 그렇다면 이 말씀은 "주님은 풍성하고 동일한 은혜를 베푸시지만 각자가 받은 은혜의 분량은 각각 다르다"라는 의미입니다.

"은혜(자비)의 집"이라는 뜻의 베데스다(Bethesda) 연못가에 행각(行閣) 다섯이 있었듯이, 성경에서 "다섯"이라는 숫자는 하나님의 은혜를 의미합니다. 주님은 공의하시기에 누구에게나 다섯 달란트로 풍성한 구원의 은총을 베푸시는 분입니다. 다만 주님께서 값없이 주시는 다섯 달란트의 은혜를 우리 각자가 자기 심령의 간절한 정도만큼만 받습니다. 그리고 그 분량은 각자가 자신을 어떤 존재로 인식하는가에 의해서 결정됩니다.

자기 자신이 얼마나 추악한 죄인이며 구제불능의 존재인지를 깊이 깨달은 사람은 그렇게 비참한 존재를 모든 죄에서 온전히 구원해 주신 복음의 은총을 만났을 때에 그 풍성한 은혜를 차고 넘치게 받습니다. 사도 바울은 영의 아들 디모데에게 **"네가 그리스도**

예수 안에 있는 은혜 속에서 강하"(딤후 2:1)라고 권면했습니다. 항상 주님의 풍성한 은혜에 감사가 넘치는 자가 누구입니까? 자기가 **"죄인 중에 괴수"**라고 인정하는 자입니다. 사도 바울은 죄 사함을 받은 후에도, 주님께서 자기와 같은 자를 모든 죄에서 온전히 구원해 주신 진리의 복음이 아니라면, **"죄인 중에 내가 괴수니라"**(딤전 1:15)고 고백했습니다. 그렇게 자기의 악하고 추한 근본 모습을 인정하는 사람은 주님께서 베풀어 주신 **"물과 피의 복음"**을 만났을 때에 다섯 달란트의 온전한 분량으로 구원의 은혜를 받습니다.

어떤 사람은 구원의 은혜를 두 달란트 분량으로 받습니다. 성경에서 "둘"은 진리를 의미합니다. 구약과 신약의 말씀은 짝을 이루어서 하나님의 말씀이 진리인 것을 증거합니다. 예수님께서 보리떡 다섯 개와 물고기 두 마리로 오천 명을 먹이신 것도 그러한 영적 계시를 담고 있습니다. 자신이 **"죄인 중의 괴수"**라는 진솔한 고백에까지는 이르지 못했지만 **"물과 피의 복음"**이 진리인 것을 인정하고 믿는 사람은 두 달란트의 분량으로 하나님의 은혜를 입습니다. 그런 사람도 교회 안에서 계속 말씀을 듣다 보면 자기가 얼마나 죄 덩어리인 줄을 더 깊이 알게 되고 복음의 은혜가 충만하게 됩니다.

"물과 피의 복음" 외에 다른 진리는 없습니다. 후에 사도 바울이 된 청년 사울은 아무것도 부족할 것이 없는 사람이었습니다. 사울은 유력한 집안에서 태어났는데, 그는 태어날 때부터 로마인이었습니다. 그는 또한 가말리엘이라는 당대 최고의 랍비(율법 선생) 밑에서 양육을 받아서 바리새인 중의 바리새인으로 장래가 촉망되던 젊은이였습니다. 유대교의 지도자들에게 신임을 받던 사울은 기독교인들을 잡아들이려고 다마스커스(Damascus)로 말을 타고 달려가다가 부활하신 주님을 만났습니다. 그리고 주님의 인도로 아나니아(Ananias)라는 주의 제자에게서 진리의 복음을 듣고, 사울은 눈에서 비늘 같은 것이 떨어지며 거듭나게 됩니다. 그 후로 사울은 아낌없이 자기의 삶을 복음의 전파를 위해 드릴 수 있었는데, 그것은 **"물과 피의 복음"**만이 유일한 진리이기 때문이었습니다. 사도 바울은 자신이 전해 준 진리의 복음에서 속히 떠나 거짓 복음을 좇았던 갈라디아 교인들에게, **"다른 복음은 없나니 다만 어떤 사람들이 너희를 요란케 하여 그리스도의 복음을 변하려 함이라 그러나 우리나 혹 하늘로부터 온 천사라도 우리가 너희에게 전한 복음 외에 다른 복음을 전하면 저주를 받을지어다"**(갈 1:7-8)라고 준엄하게 경고했습니다. 이렇게 피를 토하듯이 단호하게 갈라디아 교인들을 책망하고 권면한 것은 **"물과 피의 복음"** 외에는 다른 복음은 결코 없기 때문입니다.

다섯 달란트를 받은 종과 두 달란트를 받은 종은 가서 복음의 장사를 했습니다. 그리고 각기 자기가 받은 분량만큼의 이익을 남겼습니다. 그들은 복음을 전파해서 상당한 구원의 열매를 거두었다는 말씀입니다. 그런데 한 달란트를 받은 자는 그것을 땅에 묻어 두고 복음의 장사를 하지 않았습니다. 예수님께서 들려주신 "씨 뿌리는 자의 비유" 말씀에서 보듯이, "땅"이나 "밭"은 우리의 마음을 계시합니다. 복음의 풍성한 은총을 딸랑 한 달란트 분량으로 받은 사람은 그것조차 자기의 마음에 묻어 두고 전혀 복음을 전파하지 않았다는 말씀입니다. 사실 한 달란트만 해도 큰 돈입니다. 한 달란트는 6,000 데나리온이고 한 데나리온은 장정 한 사람의 하루치 품삯에 해당합니다. 그러니 하루치 품삯을 십만 원으로 치면 한 달란트는 6억 원입니다. 그러니까 한 달란트로 구원의 은혜를 입었다고 해도 적은 분량은 아닙니다. 그런데 한 달란트로 구원의 은총을 입은 자는 복음을 전파할 마음이 없었습니다. 말씀을 듣고 복음을 들었는데 그 복음을 전파하라는 주님의 명령에는 순종할 마음이 없었습니다. 그래서 주인께서 다시 오시겠다는 말씀도 망각하고 술친구들과 먹고 마시며 놀다가 어느 날 갑자기 돌아오신 주인을 맞게 되었습니다.

　주인이 와서 종들과 회계(會計)를 하시는데, 다섯 달란트 받은 자는 그것으로 장사해서 다섯 달란트를 남겼다고 보고했습니다. 두 달란트 받았던 자도 두 달란트를 더 남겼다고 아뢰었습니다. 그러자 주님께서는 **"잘 하였도다 착하고 충성된 종아 네가 작은 일에 충성하였으매 내가 많은 것으로 네게 맡기리니 네 주인의 즐거움에 참여할지어다"** 하고 그들을 칭찬하셨습니다. 주님께서 당부하신 복음 전파의 일을 잘한 종들에게는 주님께서 반드시 상급을 주십니다. 주님께서 다시 오셔서 천년왕국을 펼치실 때에 주님은 충성된 종들을 분봉왕(分封王)으로 삼으시고 각각 "열 고을 다스리는 권세, 다섯 고을 다스리는 권세"를 주시겠다고 약속하셨습니다.

　천년왕국의 기간 동안이 하나님께서 공의한 상급으로 의인들의 수고를 보상하시는 기간입니다. 사도 바울은 **"(어떤 자들은) 구원을 얻되 불 가운데서 얻은 것 같으리라"**(고전 3:15)고 말씀했습니다. 죽기 전에 겨우 죄 사함을 받았지만 복음을 섬긴 부분이 전혀 없는 자는 **"불 가운데서 얻은"** 구원에 해당합니다. 주님은 공의하시기에 평생을 육신적으로 자기만을 위해서 살다가 죽기 전에 진리의 복음을 믿어서 구원을 받은 사람과 죄 사함을 받고 평생을 복음을 위해 산 사람을 동일하게 대우하지는 않습니다. 복음을 위해서 자기를 희생하며 수고한 자에게 마땅한 상급을 주시는 것이 하나님의 공의(公義)입니다. 물론 천년왕국 후에는 다 똑같은 하나님의 자녀의 신분으로 영원한 천국에 들어갑니다.

한 달란트의 분량으로 구원을 받은 자가 받는 처벌

한 달란트의 분량으로 구원의 은혜를 입은 자는 진리의 복음을 땅에 묻어 놓았습니다. 진리의 복음을 믿는다고 하면서도 전혀 복음의 장사를 하지 않았다는 뜻입니다. 구원의 은혜를 한 달란트로 받은 자는 "나도 복음 다 알고 믿는다. 그러나 복음을 위해서 희생할 생각은 없다"라고 작정한 사람입니다. 이런 자는 사실 구원을 받은 것이 아닙니다. 주인께서는 그런 자에게 **"이 무익한 종을 바깥 어두운 데로 내어쫓으라 거기서 슬피 울며 이를 갊이 있으리라 하니라"**(마 25:30)고 판결하십니다. 복음의 은혜를 입은 자라면 주님의 은혜에 감사해서 복음을 위해서 자기의 삶을 드려야 마땅하거늘, 그는 그렇지 않았습니다. 오히려 그런 자는 주님께 **"주여 당신은 굳은 사람이라 심지 않은 데서 거두고 헤치지 않은 데서 모으는 줄을 내가 알았으므로 두려워하여 나가서 당신의 달란트를 땅에 감추어 두었었나이다 보소서 당신의 것을 받으셨나이다"**(마 25:24-25) 하고 주님께 항변했습니다.

그런데 주님은 이런 자들을 **"외식하는 자의 받는 율(律)에 처"**(마 24:51)합니다. 외식(外飾)이란 "겉을 꾸민다"라는 뜻입니다. 한 달란트의 분량으로 구원의 은혜를 받은 자는 짐짓 믿는 척했지만 실상은 진리의 복음을 믿지 않는 자입니다. 주님은 그런 자들에게 "네가 진정으로 이 복음이 귀한 줄 알았다면 네 스스로 복음의 장사를 못할지라도 다른 사람들이 복음의 장사를 하는 일에 마음으로라도 함께 했어야 하지 않느냐?" 하고 책망하십니다. 은행에 돈을 맡기면, 은행은 그 돈으로 장사해서 이자를 남깁니다. 그와 같이 거듭난 사람이라면 하나님의 종들이 복음을 전파하고자 힘쓸 때에 그들과 마음을 함께해서 기도하고 어떤 이들이 구원을 받으면 함께 기뻐하기라도 하는 것이 마땅합니다. 교회가 성경 사경회(查經會)를 열면 예배에 참석해서 자리를 채워 주고 찬송이라도 크게 부르는 것이 **"취리(取利)하는 자들"**에게 돈을 맡겨서 이자라도 얻는 길입니다.

주님께서 한 달란트를 받아서 땅에 묻어 두었던 자에 대해서 지옥의 판결을 내리십니다. 주님은 그런 자를 **"바깥 어두운 데에 내어 쫓으라"**라고 판결하셨습니다. 주님은 **"무릇 있는 자는 받아 풍족하게 되고 없는 자는 그 있는 것까지 빼앗기리라"**(마 25:29)는 말씀을 여러 번 하셨습니다. 주님께로부터 받은 은혜로 말미암아 자원함과 기쁨으로 주님을 섬기고자 하는 의인들이 있습니다. 하나님께서는 그들의 마음을 북돋아 주셔서 더욱더 은혜가 풍성하게 하시고 그들이 복음도 더 힘있게 섬길 수 있도록 기회와 은사를 더하여 주십니다. 그런데 주님을 섬기고자 하는 마음이 거의 없는 사람은 자기에게 있다고 생각했던 알량한 은총마저 사단에게 빼앗기고 맙니다.

우리가 주님의 은혜에 감사해서 복음의 장사를 힘있게 하고자 할 때에 우리의 마음을 가로막는 제일 큰 장애물은 세상에 대한 염려입니다. "무엇을 먹을까, 무엇을 마실까? 이제는 백세(百歲) 시대라고 하는데 나는 노후를 어떻게 대비할 것인가?"—우리는 이런 걱정을 할 수밖에 없는 자들입니다. 저도 이제 70을 바라보는 나이이고 세워 놓은 노후 대책도 전혀 없습니다. 그러나 주님은 "**그러므로 염려하여 이르기를 무엇을 먹을까 무엇을 마실까 무엇을 입을까 하지 말라 이는 다 이방인들이 구하는 것이라 너희 천부께서 이 모든 것이 너희에게 있어야 할 줄을 아시느니라 너희는 먼저 그의 나라와 그의 의를 구하라 그리하면 이 모든 것을 너희에게 더하시리라**"(마 6:31-33)고 약속하셨습니다. 저는 이 말씀을 믿습니다. 그리고 지금까지도 주님은 저의 모든 필요를 다 채워 주셨습니다. 그래서 저는 노후 대책이 전혀 없지만 염려하지 않습니다. 여러분들이 보기에는 제가 쥐뿔도 없으면서 큰소리나 뻥뻥 친다고 생각하실지 몰라도 저는 하나님을 믿습니다. 사도 바울은 자기 자신을 가리켜, "**무명한 자 같으나 유명한 자요 죽은 자 같으나 보라 우리가 살고 징계를 받는 자 같으나 죽임을 당하지 아니하고 근심하는 자 같으나 항상 기뻐하고 가난한 자 같으나 많은 사람을 부요하게 하고 아무것도 없는 자 같으나 모든 것을 가진 자로다**"(고후 6:9-10)라고 천명했습니다. 저도 아무것도 없는 자 같지만 모든 것을 가진 자입니다.

2017년 한 해가 저물어 갑니다. 올해에 우리에게는 많은 영적인 진보가 있었습니다. 지금 우리는 미력하나마 복음의 장사를 하고 있습니다. 아직은 우리의 사역이 미미하게 느껴집니다만 때가 되면 복음의 꽃이 활짝 필 줄을 저는 믿습니다. 우리들이 다 믿음의 군사들로 일어나서 하나님께서 기뻐하시는 사역들을 감당할 줄 믿습니다. "**그에게서 한 달란트를 빼앗아 열 달란트 있는 자에게 주어라**"—무릇 가진 자는 더 받아 풍족하게 됩니다. 복음을 섬길 마음이 있는 자는 더 받아 풍족하게 되고 복음을 위해서 자기를 드릴 마음이 별로 없는 자는 그나마 있다고 생각했던 알량한 믿음마저 **빼앗깁니다**. 비록 우리가 가진 믿음이 겨자씨만 한 믿음일지라도 우리 안에는 분명하게 생명이 있기 때문에 우리의 믿음과 사역은 날이 갈수록 창대(昌大)하게 될 것입니다.

　이제 우리의 존재이유(存在理由)가 분명해졌습니다. 거듭난 우리가 우리의 남은 생애 동안에 무엇을 위해서 살아야 합당합니까? 우리는 진리의 원형복음을 전파함으로써 먼저 그의 나라와 그 의를 구하는 일을 위해서 남은 생애를 살아야 할 것입니다.

　말씀을 마쳤습니다.

의인들은 진리의 사랑을 베풉니다

"인자가 자기 영광으로 모든 천사와 함께 올 때에 자기 영광의 보좌에 앉으리니

모든 민족을 그 앞에 모으고 각각 분별하기를 목자가 양과 염소를 분별하는것 같이 하여

양은 그 오른편에, 염소는 왼편에 두리라

그 때에 임금이 그 오른편에 있는 자들에게 이르시되 내 아버지께 복 받을 자들이여 나아와 창세로부터 너희를 위하여 예비된 나라를 상속하라

내가 주릴 때에 너희가 먹을 것을 주었고 목마를 때에 마시게 하였고 나그네 되었을 때에 영접하였고

벗었을 때에 옷을 입혔고 병들었을 때에 돌아보았고 옥에 갇혔을 때에 와서 보았느니라

이에 의인들이 대답하여 가로되 주여 우리가 어느 때에 주의 주리신 것을 보고 공궤하였으며 목마르신 것을 보고 마시게 하였나이까

어느 때에 나그네 되신 것을 보고 영접하였으며 벗으신 것을 보고 옷 입혔나이까

어느 때에 병드신 것이나 옥에 갇히신 것을 보고 가서 뵈었나이까 하리니

임금이 대답하여 가라사대 내가 진실로 너희에게 이르노니 너희가 여기 내 형제 중에 지극히 작은 자 하나에게 한 것이 곧 내게 한 것이니라 하시고

또 왼편에 있는 자들에게 이르시되 저주를 받은 자들아 나를

떠나 마귀와 그 사자들을 위하여 예비된 영영한 불에 들어가라

내가 주릴 때에 너희가 먹을 것을 주지 아니하였고 목마를 때에 마시게 하지 아니하였고

나그네 되었을 때에 영접하지 아니하였고 벗었을 때에 옷 입히지 아니하였고 병들었을 때와 옥에 갇혔을 때에 돌아보지 아니하였느니라 하시니

저희도 대답하여 가로되 주여 우리가 어느 때에 주의 주리신 것이나 목마르신 것이나 나그네 되신 것이나 벗으신 것이나 병드신 것이나 옥에 갇히신 것을 보고 공양치 아니하더이까

이에 임금이 대답하여 가라사대 내가 진실로 너희에게 이르노니 이 지극히 작은 자 하나에게 하지 아니한 것이 곧 내게 하지 아니한 것이니라 하시리니

저희는 영벌에, 의인들은 영생에 들어가리라 하시니라"(마 25:31-46).

영국의 시인 워즈워스(William Wordsworth)는 "하늘의 무지개를 바라볼 때에 내 마음은 뜁니다"라고 노래했습니다. 어제 먼 곳에서 우리가 출간한 서적을 통해서 복음을 만난 분이 기쁜 소식을 전해 왔습니다. 구원의 소식을 들을 때마다 우리 모두의 마음은 기뻐하며 뜁니다. 물론 구원의 소식이 날마다 있는 것은 아니고 가뭄에 콩 나듯이 희귀합니다. 그것은 영혼들이 사단 마귀에게 너무나 속속들이 속아 있기 때문입니다. 사단 마귀는 진리의 복음인 **"물과 피의 복음"**을 변질시켜서 **"십자가의 피만의 복음"**이라는 **"다른 복음"**(갈 1:7-8)을 퍼뜨리고 그것을 정통(正統)으로 만드는데 성공했습니다. 사람들은 사단 마귀가 퍼뜨린 거짓된 복음에 너무나 오

랫동안 세뇌되어 있었기 때문에 진리의 복음을 듣고서도 "이런 말씀은 우리 교회에서 들어본 적이 없다"라고 하며 진리의 복음을 배척합니다.

하나님은 창조의 둘째 날에 물을 "**궁창 위의 물**"과 "**궁창 아래의 물**"로 나누셨습니다(창 1:6-7). 우리는 궁창 위의 물인 하나님 말씀을 순수하게 믿어야 죄 사함을 받고 하나님의 자녀가 될 수 있습니다. 그러나 땅(인간)의 불순물이 섞인 궁창 아래의 물을 오랫동안 먹은 자들은 궁창 위의 물을 맛보고는 자기 입맛에 맞지 않는다고 뱉어 버립니다. 야곱의 우물물을 마시는 자는 다시 목마를 수밖에 없습니다. 주님께서 주시는 원형복음의 생수를 마신 자라야 생수가 자기의 배에서 솟아나서 다시는 목마르지 않게 됩니다. 이 시대에도 어린아이같이 순진한 마음으로 "**궁창 위의 물**"인 하나님의 말씀을 사모하고 경외하는 "**심령이 가난한 자**"가 많이 있습니다. 우리는 그런 영혼들을 찾아서 진리의 복음을 전파해야 합니다.

복음을 전해 준다고 다 듣는 것이 아니며, 복음을 듣는다고 다 구원을 받는 것도 아닙니다. 주님께서 "**심령이 가난한 자는 복이 있나니 천국이 저희 것임이요**"(마 5:3)라고 말씀하셨듯이, 자기가 얼마나 악하며 부족하여 지옥 갈 수밖에 없는 죄인인지를 진솔하게 인정하는 사람이라야 구원을 받습니다. 하나님 앞에서 내세울 것이 아무것도 없는 사람이 진리의 복음을 만나면 뜨거운 여름날에 얼음 냉수를 만난 것처럼 간절한 마음으로 믿어서 자기 영혼의 모든 죄를 시원하게 씻어 냅니다. 그런데 무언가 자기 안에 자랑할 것이 많고 사단 마귀의 허탄한 거짓말에 절어 있는 사람들은 복음을 듣고서도 자기의 옳음을 끊임없이 내세웁니다. 우리는 사단 마귀가 뿌려 놓은 허탄한 거짓말들을 우리에게서 멀리해야 합니다. 누구든지 어린아이같이 순수하게 하나님의 말씀을 믿어야만 죄 사함을 받고, 또 믿음의 뿌리가 마음 깊이 내려서 믿음의 큰 나무가 됩니다. 그러나 자기의 생각과 자기의 옳음을 부인하지 않는 사람에게는 진리의 복음이 싹을 틔우지 못할뿐더러 혹 어떻게 해서 복음을 믿는다고 하더라도 믿음의 진보가 일어나지 않습니다.

종교인과 신앙인

하나님을 믿는 사람들을 종교인과 신앙인이라는 두 부류로 나눌 수 있는데, 사단 마귀의 허탄한 거짓말에 절어 있는 사람은 종교인의 범주를 벗어나지 못합니다. 사단 마귀는 인간의 의를 부추겨서 종교인들을 양산하고 그들이 복음에 나타난 **"하나님의 의"**(롬 1:7)를 대적하게 합니다. 그렇게 자기의 의를 추구하는 종교인들은 하나님의 의에 목말라하지 않습니다. 종교인들은 자기의 죄악된 실체를 뼈저리게 인정하고 하나님의 긍휼을 바라는 자, 즉 **"심령이 가난한 자"**가 되지 못합니다.

종교인과 신앙인이 어떻게 갈라집니까? 자기는 너무나 악하고 부족한 **"작은 자"**라는 사실을 진솔하게 시인하는 자는 신앙인이 되고, "나는 너희들처럼 부족한 자가 아니다. 나는 자랑할 것이 많은 자며 큰 자다"라고 자만하는 자들은 종교인이 됩니다. 종교인은 인간의 의를 추구하고 신앙인은 하나님의 의를 좇습니다. 하나님 앞에서 자기의 근본 모습을 진솔하게 깨닫고 유구무언(有口無言)의 상태가 되지 않으면 참된 신앙인이 될 수 없습니다.

누가 천국의 영생에 들어가는가?

　종교인들은 "우리가 언제 작은 자들을 돌아보지 않았습니까? 우리가 안 한 것이 도대체 무엇입니까?" 하고 자기들의 의를 내세우며 주님께 항변합니다. 이런 자들은 영생의 축복에 들어가지 못합니다. 그런데 참된 신앙인들, 즉 죄 사함을 받음으로 거듭난 의인들은 "주님, 저희들이 주님을 위해서 한 일이 아무것도 없습니다" 하고 항상 주님께 머리를 조아립니다. 그런데 누가 천국의 영생(永生)에 들어가고 누가 지옥의 영벌(永罰)에 떨어집니까?

　"죄 사함으로 말미암는 구원"(눅 1:77)을 받은 의인들은 영생의 천국에 들어가는 것이고, 죄 사함 받지 못해서 마음에 죄가 있는 죄인들은, 그들이 아무리 세상에서 헌신적으로 봉사해서 많은 사람들의 칭송을 받았을지라도, 반드시 지옥에 떨어집니다. 가톨릭교회는 수많은 성인 성녀들을 추앙합니다. 가톨릭교회는 천국과 지옥 사이에 "연옥"이 있다는 교리를 주장합니다. 가톨릭 신자의 집에 초상이 나면, 그들은 망자(亡者)가 천국에 갔다는 확신이 없고 또 망자가 지옥에 갔다고는 차마 말할 수 없어서, 죽은 영혼이 일단 연옥에 갔다고 전제하고서 초상집에 모여서 공과집(기도서)에 쓰여 있는 대로 "연옥도문(煉獄禱文)"을 합송합니다. 그들은 이 기도문을 약칭으로 "연도"(煉禱)라고도 부릅니다. 기도를 인도하는 자가 기도서를 보고서 "성 베드로, 성 요한…" 하며 성인 성녀들의 이름을 하나씩 선창하면, 나머지 교인들은 "우리를 위하여 빌으소서" 하고 후렴구를 낭송합니다.

　그러나 하나님께서 만드신 영적 세계에는 천국과 지옥이 있을 뿐이고 연옥(煉獄)은 없습니다. 사람은 죽어서 천국이나 지옥에 갈 수밖에 없습니다. 죄 사함을 받지 못한 죄인은 반드시 지옥불에 떨어집니다. "죄의 삯은 사망"(롬 6:23)이라는 말씀은 "죄가 있으면 둘째 사망(계 21:8)인 지옥의 판결을 받는다"라는 뜻입니다. 여러분도 20여 년 전에 돌아가신 "캘거다의 성녀" 마더 테레사라는 분을 기억하실 것입니다. 그분은 유고슬라비아의 알바니아에서 태어났는데, 21세의 나이에 수녀로 인도에 와서 일평생 동안 길거리에서 죽어 가는 사람들을 데려다가 그들이 편안한 죽음을 맞이하도록 돌보는 봉사의 일을 했습니다. 부랑인들을 데려다가 손발이 짓무르도록 기저귀도 갈아주고 목욕도 시켜 주었던 그녀의 박애 정신과 헌신적인 호스피스(hospice) 사역은 전 세계인의 칭송을 받았고, 그녀는 1979년에 노벨 평화상을 수상하기도 했습니다. 인간의 관점으로 볼 때에 테레사 수녀는 참으로 선한 일을 했습니다. 그러나 진리의 눈으로 보면 그녀는 사람들에게 육신의 사랑을 베푼 것에 불과합니다. 조금 더 냉정하게 말하자면 그녀의 사역은 "며칠 전에 길거리에서 죽어서 지옥에 가야 할 사람을 잘 보살펴서 며칠 후에 지옥에 보내 준 사역"이라고 평가할 수 있습니다. 우리는 소외된 사람들에게 육신의 사랑도 베풀어야 하지만, 궁극적으로는 그들이 죄 사함을 받고 천국 영생에 들어갈 수 있도록 "진리의 사랑"(살후 2:10)을 베풀어 주어야 합니다.

　죄 사함 받은 하나님의 자녀들은 "진리의 사랑"(살후 2:10)을 베풉니다. 종교인들은 육신적인 사랑을 최고의 사랑으로 여기지만, 죄 사함을 받은 의인들은 "진리의 사랑"을 최고로 여깁니다. 신앙인들은 "진리의 사랑"(살후 2:10)을 위해서 자기를 드립니다. 사도 바울은 "내가 내게 있는 모든 것으로 구제하고 또 내 몸을 불사르게 내어 줄지라도 사랑이 없으면 내게 아무 유익이 없느니라"(고전

13:3)고 선언했습니다. 가난한 사람들을 구제하려고 자기의 모든 것을 내어 주고 남을 위해 불속에 뛰어들기까지 한다면 그것이 얼마나 대단한 사랑입니까? 그런데도 사도 바울은 **"사랑이 없으면 내게 아무 유익이 없느니라"**라고 말씀했습니다. 그런 육신적인 사랑은 진정한 사랑이 아니라는 뜻입니다. 하나님께서 말씀하시는 사랑은 육신적인 사랑이 아니라 **"진리의 사랑"**입니다. 오늘 본문에서 주님께서 말씀하시는 사랑도 **"진리의 사랑"**입니다.

하나님의 말씀은 영이요 생명입니다. 그렇기 때문에 영적인 하나님의 말씀을 깨닫지 못하는 사람은 혼돈에 빠집니다. 육신적인 사랑이 전부인 종교인들은 오늘 본문의 말씀을 잘못 해석하고 잘못 가르쳐서 사람들을 혼돈에 빠뜨리고 있습니다. 러시아의 대문호로 칭송을 받는 레오 톨스토이(Leo Tolstoy)도 그런 혼돈에 빠진 사람들 중의 하나입니다. 레오 톨스토이가 오늘의 본문을 모티브(motive)로 "사랑이 있는 곳에 하나님도 계신다"(Where love is God is also there)라는 제목의 단편소설을 썼습니다.

그 소설의 주인공은 마틴이라는 구두 수선공입니다. 그는 평생을 구두를 수선하며 살았습니다. 반지하(半地下)의 구둣방에는 위쪽에 난 창이 있는데, 그 창은 작아서 그 창 앞을 지나는 사람들의 구두밖에 보이지 않았습니다. 그래도 그 동네의 모든 신발이 자기의 손을 거쳐갔기 때문에 마틴은 신발만 보면 방금 지나간 사람이 누구인지 다 알 수 있었습니다. 불행하게도 마틴의 아내와 자식은 모두 일찍 죽었습니다. 가족을 다 잃은 마틴은 술주정꾼이 되어서 하나님을 원망하면서 살아가고 있었습니다. 아무 소망이 없는 그의 마음은 점점 더 차가워지고 굳게 닫혔습니다. 마음이 차가워질 대로 차가워진 마틴은 항상 무뚝뚝하고 화난 표정으로 살아가고 있었습니다.

그런데 어느 날 어떤 거룩한 분이 "성경을 읽으라"라고 그에게 권고했습니다. 마틴은 그의 말을 듣고 성경을 읽기 시작했습니다. 마틴은 성경을 읽으면서 성경의 말씀에서 위로를 받고 주님의 사랑에 깊이 빠져들었습니다. 그러던 어느 날 마틴은 비몽사몽간에 "내가 내일 너를 찾아가겠다"라는 주님의 음성을 들었습니다. 마틴은 다음날 주님을 만날 기대를 하며 창 밖을 내다보고 있었는데, 어떤 아주머니가 그 추운 겨울에 얇은 여름옷을 입은 채로 아기를 안고 달달 떨고 있었습니다. 마틴은 그녀를 구둣방으로 불러들여서 따뜻한 차를 대접하고 그녀의 딱한 사정 얘기를 들었습니다. 그리고 자기 외투를 벗어서 그녀에게 입으라고 내어줍니다. 마틴이 그녀를 내보내고 또 창 밖을 내다보았더니 어떤 불쌍한 아이가 울고 있어서 그 아이도 구둣방으로 불러들여서 돌보아 주었습니다. 그렇게 마틴은 주님을 기다리며 몇몇 사람에게 사랑을 베풀었습니다. 마틴은 언제나 주님께서 오시려나 간절하게 기다렸지만, 저녁이 되었는데도 주님은 자기를 찾아오지 않았습니다.

마틴은 실망해서 잠이 들었습니다. 그런데 주님께서 꿈에 나타나셔서 "네가 오늘 나에게 사랑을 베풀어 주어서 참으로 고맙다"라고 말씀하셨습니다. 마틴은 "제가 언제 주님께 사랑을 베풀었습니까?" 하고 반문했습니다. 주님은 "내가 오늘 헐벗은 여인으로, 울고 있던 어린이로, 고달픈 청소부의 모습으로 너를 찾아갔었노라" 하고 말씀하셨습니다. 그리고 이 소설은 **"내가 진실로 너희에게 이르노니 너희가 여기 내 형제 중에 지극히 작은 자 하나에게 한 것이 곧 내게 한 것이니라"**(마 25:40)는 교훈으로 막을 내립니다. 이 소설은 기독교인들에게 지대한 영향을 끼쳤습니다. 그래서 유명한 주석자(註釋者)들도 오늘의 본문을 해석하면서 "진정한 그리스도인들, 즉 진정으로 예수님을 만난 자들은 반드시 소외된 자들을 돌보고 사랑한다. 그런 사랑을 베풀지 않는 그리스도인은 진정한 그리스도인이 아니다"라고 이 말씀을 풀이합니다. 그 결과 "육신적인 사랑을 베푸는 것이 그리스도인의 본분"이라는 신념이 기독교인들의 마음을 지배하게 되었습니다.

진리의 사랑을 베푸는 자들

그런데 "내가 진실로 너희에게 이르노니 너희가 여기 내 형제 중에 지극히 작은 자 하나에게 한 것이 곧 내게 한 것이니라"(마 25:40)는 말씀에서, "지극히 작은 자 하나에게 한 것"은 육신적인 사랑이 아니라 **"진리의 사랑"**을 의미합니다. 주님은 소외된 사람들에게 밥이나 한 끼 해 주고 그들의 육신만 돌봐 주는 사랑을 베풀라고 우리를 부르신 것이 아닙니다. 주님께서는 모든 사람이 하나님의 구원의 복음을 듣고 믿음으로 **죄 사함으로 말미암는 구원**(눅 1:77)을 받고 영생의 천국에 들어가기를 원하십니다. 하나님 아버지는 우리에게 **"진리의 사랑"**을 입혀 주시기 위해서 당신의 아들을 아낌없이 우리에게 내어 주신 분입니다. 그러면 육신적인 사랑은 다 쓸모가 없느냐? 그렇지는 않습니다. 우리는 육신적인 사랑도 베풀어야 합니다. 다만 육신적인 사랑이 **"진리의 사랑"**과 무관한 것이라면 하나님 앞에서는 그것이 큰 의미가 없다는 말입니다. 하나님의 사랑은 **"진리의 사랑"**이라는 사실을 우리는 분명히 알아야 합니다.

주님께서 다시 오셔서 심판하실 때에는, 양과 염소를 가르듯이 모든 사람을 의인과 죄인으로 딱 나누십니다. 그리고 죄 사함을 받은 의인은 아무리 부족해도 천국의 영생에 들어갑니다. 그러나 죄 사함을 받지 못한 죄인들은 그들이 아무리 마더 테레사같이 훌륭한 일을 많이 했어도 지옥의 영벌(永罰)에 떨어집니다. 그들이 **"진리의 사랑을 받지 아니하여 구원함을 얻지 못"**(살후 2:10)했기 때문입니다. 종교인들은 아무리 예수님의 이름으로 많은 봉사와 희생을 했을지라도 **"진리의 사랑"**이 무엇인지를 알지도 못하기 때문에 결코 **"진리의 사랑"**을 베풀지 못합니다.

"내가 진실로 너희에게 이르노니 너희가 여기 내 형제 중에 지극히 작은 자 하나에게 한 것이 곧 내게 한 것이니라"(마 25:40).

하나님 말씀은 **"영이요 생명"**(요 6:63)입니다. 주님께서 말씀하신 **"내 형제 중에 지극히 작은 자"**란 죄의 병 때문에 괴로워하고 신음하는 자들, 하나님의 의의 옷을 입지 못해서 헐벗은 자들, 죄의 감옥에 갇혀서 신음하는 자들을 지칭하는 말입니다. 자기가 얼마나 부족하고 연약한지를 아는 자가 바로 하나님의 은혜를 갈구하는 **"지극히 작은 자"**입니다. 그리고 이렇게 **"지극히 작은 자"**라야 **"진리의 사랑"**을 입습니다. 죄 사함을 받은 의인들의 마음에는 하나님의 **"진리의 사랑"**이 자리 잡고 있어서 지극히 작은 자들에게 생명의 양식을 먹이며, 생수의 물을 마시게 하며, 나그네처럼 떠도는 자들을 하나님의 집인 교회에 들여서 안식을 누리게 합니다. 또 죄 때문에 괴로워하는 자들에게는 죄의 병을 고쳐 주며 하나님의 의의 옷을 입혀 주어서 다시는 헐벗지 않게 해 주고, 죄의 감옥에 갇힌 자들을 해방시켜 줍니다. 이런 사랑이 바로 의인들이 지극히 작은 자들에게 베푸는 **"진리의 사랑"**입니다. **"진리의 사랑"**을 베푸는 자들이 바로 참 신앙인들이고 하나님의 종들입니다. 신앙인들은 **"진리의 사랑"**을 최고의 가치로 여깁니다.

반면에 종교인들은 육신적인 사랑을 최고의 가치로 여깁니다. 자기가 의롭고 잘났다고 자부하는 **"큰 자들"**은 자기의 의를 쌓는 종교인으로 만족하며 살아갑니다. 연탄 나눠주기 운동, 사랑의 빵 나눠주기 운동, 독거노인 돌보기 봉사활동, 의료봉사 활동, 호스피스 사역—이런 사역들도 귀한 일입니다. 어떤 성직자는 나환자들의 마을에 들어가서 그들의 고름을 빨아주며 봉사하다가 결국 자기도 문둥병에 걸렸습니다. 대단하지 않습니까? 기독교 안에는 수많은 성자(聖者)들이 있습니다. 그분들은 범인(凡人)들이 감히 흉내도 낼 수 없는 희생과 봉사에 자신의 삶을 드렸습니다. 그러나 만일 그분들의 희생과 봉사가 **"진리의 사랑"**을 지향한 것이 아니었다면 자신이 남을 위해 불속으로 뛰어들었을지라도 그것은 궁극적으로 아무것도 아닙니다.

주님께서 재림하시면 양과 염소를 가르듯이 의인(義人)과 죄인(罪人)을 딱 나누십니다. 주님은 양들, 즉 아무리 부족해도 진리의 복음을 믿어서 마음에 죄 사함을 받은 의인들을 향해서 "너희는 참으로 귀한 내 양들이다" 하시고, 아무리 인격적으로 훌륭하고 희생과 봉사를 많이 해서 노벨 평화상을 받았을지라도 진리의 복음을 믿지 않아서 죄 사함을 받지 못한 죄인들을 향해서는 "너희는 진리의 사랑을 좇지 않고 네 의만 자랑했으니 영원한 지옥에 떨어지는 것이 마땅하다"라고 선포하십니다. 여러분이 세상 사람들의 칭송과 존경을 아무리 많이 받았어도 그것은 아무 소용이 없습니다. 재판장으로 오신 예수님께서, "네 믿음이 옳도다! 너는 죄 사함 받은 의인이다! 너는 내 양이다!"라고 인정하셔야 여러분은 천국의 영생에 들어갑니다.

내세울 것이 많은 종교인들

　죄 사함을 받지 못한 채 신앙생활을 하는 자들은 언제든지 자기들의 의를 내세웁니다. 그러나 주님께서는 **"너희를 위해서 예비한 영원한 불에 들어가라"**라고 판결하십니다. 그들을 판결하실 때에 **"내가 주릴 때에 너희가 먹을 것을 주지 아니하였고 목마를 때에 마시게 하지 아니하였고 나그네 되었을 때에 영접하지 아니하였고 벗었을 때에 옷 입히지 아니하였고 병들었을 때와 옥에 갇혔을 때에 돌아보지 아니하였느니라"**(마 25:42-43)고 말씀하셨습니다. 그러자 죄인들은 "아니 우리가 언제 그런 일을 하지 않았습니까?" 하고 격렬히 항변(抗辯)합니다. 그런 봉사와 희생은 자기들이 가장 많이 했노라고 자부하는 자들이 종교인들입니다. 그러나 주님의 말씀은 영적인 말씀입니다. "영적으로 주린 자들, 영적으로 목마른 자들, 영적으로 병든 자들, 영적으로 죄의 감옥에 갇힌 자들에게 너희들은 아무것도 해 주지 않았다"라고 책망하시는 주님의 말씀입니다. 종교인들은 소외된 사람들을 위해서 육신적으로는 많은 희생과 봉사활동을 했습니다. 그러나 그들은 **"진리의 사랑"**이 무엇인지조차도 알지 못해서 주님께서 기뻐하시는 진정한 사랑을 베풀 수가 없었습니다.

　하나님을 믿지만 거듭나지 못한 자들, 즉 종교인들도 나름대로는 헌신적인 신앙생활을 합니다. 마더 테레사뿐만 아니라 지금도 많은 사람들이 일생 동안 독신으로 살면서 자기를 희생하며 봉사활동을 합니다. 그렇지만 하나님 앞에서는 육신의 사랑으로 끝나는 종교인들의 봉사와 희생이 별로 의미가 없습니다. 우리 의인들이 영의 눈으로 거듭나지 못한 사람들을 바라보면, 저들이 죄 사함을 받지 못해서 장차 영원한 지옥불에 들어가는 것이 당장 육신적으로 소외되고 굶주리고 있는 것보다 더 안타까운 사실입니다. **"내가 진실로 너희에게 이르노니 이 지극히 작은 자 하나에게 하지 아니한 것이 곧 내게 하지 아니한 것이니라"** 라고 말씀하셨듯이, 만일 우리가 죄 사함을 얻고자 갈구하는 **"지극히 작은 자"** 들에게 진리의 복음을 전해 주지 않는다면 우리의 모든 희생과 봉사도 아무 소용이 없습니다.

예수님께서 **"눈을 들어 밭을 보라 희어져 추수하게 되었도다"** (요 4:35)라고 말씀하셨습니다. 우리가 눈을 들어 이 세상을 바라보면 **"지극히 작은 자들,"** 즉 구원을 받을 만한 심령들이 참으로 많습니다. 그들에게 **"진리의 사랑"** 을 베풀지 않은 것이 바로 주님께서 기뻐하시는 가장 선한 일을 하지 않은 것입니다. 우리는 진리의 복음을 맡은 자들로서, 천사들도 부러워하는 **"화목하게 하는 직책"** (고후 5:18)을 맡은 자들로서, 눈을 들어서 죄의 감옥에 갇혀서 신음하는 영혼들을 바라봅니다. 그리고 그들을 속히 죄의 감옥에서 해방시켜 주고자 하는 간절한 마음이 우리에게 있습니다. 그래서 우리는 오늘도 하나님의 **"진리의 사랑"** 이 충만한 **"물과 피의 복음"** 을 전파하는 사역에 총력을 기울이고 있습니다. 주님께서 우리에게 복음 전파의 문을 활짝 열어 주셔서, 수많은 사람들이 죄 사함을 받고 하나님의 **"진리의 사랑"** 을 알게 해 주시기를 간절히 기도합니다.

말씀을 마쳤습니다.

막달라 마리아와 가룟 유다

"예수께서 이 말씀을 다 마치시고 제자들에게 이르시되

너희의 아는 바와 같이 이틀을 지나면 유월절이라 인자가 십자가에 못 박히기 위하여 팔리우리라 하시더라

그 때에 대제사장들과 백성의 장로들이 가야바라 하는 대제사장의 아문에 모여

예수를 궤계로 잡아 죽이려고 의논하되

말하기를 민요가 날까 하노니 명절에는 말자 하더라

예수께서 베다니 문둥이 시몬의 집에 계실 때에

한 여자가 매우 귀한 향유 한 옥합을 가지고 나아와서 식사하시는 예수의 머리에 부으니

제자들이 보고 분하여 가로되 무슨 의사로 이것을 허비하느뇨

이것을 많은 값에 팔아 가난한 자들에게 줄 수 있었겠도다 하거늘

예수께서 아시고 저희에게 이르시되 너희가 어찌하여 이 여자를 괴롭게 하느냐 저가 내게 좋은 일을 하였느니라

가난한 자들은 항상 너희와 함께 있거니와 나는 항상 함께 있지 아니하리라

이 여자가 내 몸에 이 향유를 부은 것은 내 장사를 위하여 함이니라

내가 진실로 너희에게 이르노니 온 천하에 어디서든지 이 복음이 전파되는 곳에는 이 여자의 행한 일도 말하여 저를 기념하리라 하시니라

그 때에 열 둘 중에 하나인 가룟 유다라 하는 자가 대제사장들

에게 가서 말하되

내가 예수를 너희에게 넘겨주리니 얼마나 주려느냐 하니 그들이 은 삼십을 달아 주거늘

저가 그 때부터 예수를 넘겨줄 기회를 찾더라

무교절의 첫날에 제자들이 예수께 나아와서 가로되 유월절 잡수실 것을 우리가 어디서 예비하기를 원하시나이까

가라사대 성안 아무에게 가서 이르되 선생님 말씀이 내 때가 가까왔으니 내 제자들과 함께 유월절을 네 집에서 지키겠다 하시더라 하라 하신대

제자들이 예수의 시키신대로 하여 유월절을 예비하였더라

저물 때에 예수께서 열 두 제자와 함께 앉으셨더니

저희가 먹을 때에 이르시되 내가 진실로 너희에게 이르노니 너희 중에 한 사람이 나를 팔리라 하시니

저희가 심히 근심하여 각각 여짜오되 주여 내니이까

대답하여 가라사대 나와 함께 그릇에 손을 넣는 그가 나를 팔리라

인자는 자기에게 대하여 기록된대로 가거니와 인자를 파는 그 사람에게는 화가 있으리로다 그 사람은 차라리 나지 아니 하였더면 제게 좋을뻔 하였느니라

예수를 파는 유다가 대답하여 가로되 랍비여 내니이까 대답하시되 네가 말하였도다 하시니라"(마 26:1-25).

마지막 유월절을 지내려고 예루살렘에 올라가신 예수님께서는 베다니의 문둥이 시몬의 집에 초대를 받아서 식사하셨습니다. 그 자리에 예수님의 머리에 아주 값진 향유를 부어 주님의 장례를 예

비한 한 여인과 예수님을 팔아서 돈을 취한 가롯 유다가 함께 있었습니다. 오늘날에도 하나님의 말씀의 식탁에는 두 부류의 기독교인들이 공존(共存)합니다.

모든 사람은 죽지 않으려고 발버둥치지만 예수님은 돌아가시기 위해서 이 땅에 오신 분입니다. 예수님께서는 받으신 세례로 인류의 모든 죄를 당신의 육체에 넘겨받으셨기 때문에 그 모든 죄의 값을 지불하기 위해서 반드시 돌아가셔야만 했습니다. **"죄의 삯은 사망"**(롬 6:23)이기 때문입니다. 주님께서는 인류 구원의 완성을 향해서 지금 비장한 마음으로 죽음의 길을 가고 계셨습니다. 그래서 주님은 성찬의 예식을 세워서 당신께서 **"물과 피"**(요일 5:6)로 이루신 구원의 사역을 기억하게 하신 후에, **"그러나 너희에게 이르노니 내가 포도나무에서 난 것을 이제부터 내 아버지의 나라에서 새것으로 너희와 함께 마시는 날까지 마시지 아니하리라"**(마 26:29)고 말씀하셨습니다. 인류 구원을 이루시고자 하신 아버지의 뜻을 완성하기까지는 예수님은 오직 그 일만을 위해서 비장한 각오로 당신의 죽음의 길을 가시겠다는 의지의 말씀입니다.

마가복음은 **"하나님의 아들 예수 그리스도 복음의 시작이라"**(막 1:1)이라고 선포한 후에 바로 세례 요한을 소개하고, 또 예수님께서 요한에게 세례를 받으신 사실을 기록하고 있습니다. 이 말씀은 예수님께서 받으신 세례가 복음의 시작이라는 뜻입니다. 요한이 반포한 **"그 세례"**(the Baptism, 행 10:37)로 저와 여러분들의 모든 죄가 예수님께로 넘어갔기 때문에, **"복음"**이란 예수님의 세례에서부터 시작된 복음(福音), 즉 기쁜 소식입니다. 그리고 이제 받으신 세례로 **"세상 죄를 지고 가는 하나님의 어린양"**(요 1:29)이 되신 예수님께서 반드시 피 흘려 돌아가셔야만 우리의 구원이 완성되는 것입니다. 주님께서는 곧 대제사장들과 장로들의 손에 잡히셨다가 로마 총독 빌라도의 사형 언도로 십자가에 못 박혀 돌아가셨습니다. 주님께서는 여섯 시간 동안 십자가에 매달려 절규하시며 온몸의 피를 다 흘리시고 마지막에 **"다 이루었다"**(요 19:30)라고 크게 외치시며 돌아가셨습니다. 이렇게 주님께서 우리의 죄의 값을 대신 치러 주셨기 때문에 우리의 구원이 완성되었습니다. 만일 주님께서 피 흘려 돌아가시지 않았다면 우리 모든 인류는 지옥 갈 수밖에 없었습니다. 그래서 주님은 지금 비장한 마음으로 당신 앞에 놓인 십자가의 길을 묵묵히 가셨습니다.

"너희의 아는 바와 같이 이틀을 지나면 유월절이라 인자가 십자가에 못 박히기 위하여 팔리우리라 하시더라"(마 26:2).

주님께서는 제자 중의 하나가 당신을 배반해서 당신이 팔릴 것과 당신이 당해야 할 처참한 죽음의 길을 다 아셨습니다. 그래서 주님의 마음은 더욱더 비장(悲壯)하셨는데, 제자들의 관심은 주님의 심정과는 딴판이었습니다. 제자들의 마음은 몹시 들떠 있었습니다. 제자들은 영광을 받고자 하는 욕망이 많았습니다. 예수 그리스도께서 이번 유월절에 이스라엘을 새롭게 하고 영광스러운 다윗의 왕좌를 차지할 줄로 그들은 기대하고 있었습니다. 그래서 제자들은 기회만 있으면 누가 크냐는 문제로 자주 싸웠습니다. 사람은 자기가 보고 싶은 것만 보고 듣고 싶은 것만 듣고 기억하고 싶은 것만 기억합니다. 그래서 주님의 비장한 말씀이 그들의 귀에 들어오지 않았습니다. 그러니 제자들은 예수님의 말씀을 귓등으로 들을 수밖에 없었습니다. 특히 가롯 유다는 예수님의 말씀이 자기가 기대했던 바에서 점점 더 멀어지는 것을 보고 드디어 예수님을 배반하게 됩니다.

저는 그런 제자들을 바라보시면서 주님의 마음이 어떠셨을까 하고 생각해 봅니다. 우리 주님께서는 우리의 마음 중심을 다 아시는 하나님입니다. 3년 동안이나 함께 동행했던 제자들 중의 하나가 당신을 배반함으로 당신은 십자가에 못 박혀 죽을 것이라고 주님께서 말씀하시는데도 제자들은 주님의 말씀을 전혀 귀담아듣지 않았습니다. 그들의 관심은 오직 "사람들의 영광을 받는 데에"가 있었기 때문입니다.

잡히시던 날 저녁에 겟세마네 동산에서 기도하시면서, 예수님은 제자들에게 **"내 마음이 심히 고민하여 죽게 되었으니 너희는 여기 머물러 나와 함께 깨어 있으라"**라고 당부하시고 당신은 땀이 피가 되어서 흐를 정도로 간절히 기도하셨습니다. **"내 아버지여 만일 할 만하시거든 이 잔을 내게서 지나가게 하옵소서 그러나 나의 원대로 마옵시고 아버지의 원대로 하옵소서"**(마 26:39)—아버지의 뜻이 이루어지게 하기 위해서 우리 주님이 감당해야 할 고난과 능욕과 절망감을 우리가 어찌 헤아릴 수 있겠습니까? 주님께서 감당하셔야 할 고난의 잔이 얼마나 잔혹한 것인지를 우리는 상상조차 할 수 없습니다. 먼지만도 못한 피조물들이 창조주 하나님이신 예수님의 눈을 가리고 손바닥으로 주님의 뺨을 치면서 "네가 선지자라면 누가 너를 때렸는지 맞춰 봐라"하며 조롱했습니다. 어떤 자는 주님의 얼굴에 침을 뱉기까지 했습니다. 창조주 하나님이신 예수님께서는 하루살이같이 하찮은 피조물들에게 그런 모욕과 능멸을 당하시면서도 아버지의 뜻을 이뤄 드리기 위해서 묵묵히 죽음의 길을 가셨습니다. 하나님 아버지께서는 예수님이 당신의 외아들이지만 예수님을 심판하실 때에는 당신의 고개를 외아들에게서 돌리셨습니다. 그래서 예수님께서 십자가에 달리신 후에 정오에서부터 오후

세시까지 하늘도 깜깜하게 변했습니다.

주님의 마음을 알고 연합한 유일한 여인

"이 백성이 입술로는 나를 존경하되 마음은 내게서 멀도다"(막 7:6)라고 하신 말씀대로 제자들의 마음은 모두 콩밭에 가 있었습니다. 문둥이 시몬의 집에 모인 모든 사람들 중에서 오직 한 여인만이 주님의 비장한 마음을 헤아리고 주님이 가시는 죽음의 길을 예비했습니다. 주님의 마음을 시원케 해 준 사람은 바로 향유 옥합을 깨뜨려 예수님의 머리에 향유를 부은 그 여인입니다. 그 여인은 주님께서 세례 받으심으로 자기의 모든 죄를 담당하셨고 이제 그 모든 죄를 대속(代贖)하시러 십자가의 길을 가신다는 사실을 믿었습니다. 그녀는 자기를 구원하기 위해서 죽음의 길을 가시는 주님의 사랑에 감사해서 자기의 전 재산과 같은 향유를 주님께 부어 드렸습니다. 제자들은 그 여인의 행사를 보고 "이 비싼 것을 왜 허비하느냐? 이것을 팔아서 가난한 자들에게 주면 얼마나 좋겠느냐?" 하며 분노했습니다. 사람은 외모를 살피거니와 하나님께서는 우리의 마음 중심을 살피십니다. 주님께서는 그 여인의 마음 중심을 아셨기 때문에, "이 여자가 내 몸에 이 향유를 부은 것은 내 장사를 위하여 함이니라 내가 진실로 너희에게 이르노니 온 천하에 어디서든지 이 복음이 전파되는 곳에는 이 여자의 행한 일도 말하여 저를 기념하리라"(마 26:12-13) 하고 말씀하심으로 그 여인을 칭찬하셨습니다.

사람의 말과 마음은 다를 때가 많습니다. 말로는 상대방을 위하는 척하지만 본심은 자기의 욕심을 추구하기 일쑤입니다. 사람은 그렇게 간교한 존재입니다. 복음서를 비교해서 읽어 보면, 예수님께 부어 드린 향유(香油)는 삼백 데나리온의 가치가 있었는데, 한 데나리온이 장정(壯丁)의 하루치 품삯이었으니 삼백 데나리온은 아주 큰 돈이었습니다. 가룟 유다는 돈궤를 맡은 자였는데 그래서 그 여인이 그토록 값진 향유를 허비한 것으로 비난하는 일에 더욱더 앞장섰을 것입니다. 가룟 유다를 비롯한 제자들의 마음은 예수님께 향유를 부어 드린 여인의 마음과 전혀 달랐습니다. 제자들은 자기들이 받을 영광이나 재물에 마음을 쏟고 있었지만, 그 여인은 자기를 구원하기 위해서 죽음의 길을 가시는 주님과 마음을 연합했습니다. 주님께서는 우리의 마음을 받으십니다.

옥합을 깨뜨려서 향유를 주님께 부어 드린 그 여인은 주님께서 죽으심으로 완성하실 아름다운 구원의 사역에 감사해서 자기의 모든 것을 드려도 전혀 아깝지 않았습니다. 사도 바울은 빌립보 성도들의 믿음의 진보를 위해서는 자신의 목숨을 관제(灌祭)로 부어 드릴지라도 기뻐하겠다고 고백했습니다. 우리의 마음은 어떻습니까? 저는 저의 마음이 주님의 마음과 연합하고 있는지, 아니면 나의 유익에만 몰두하고 있는지를 자주 생각해 봅니다. 저도 주님께서 완성하신 **"물과 피의 복음"**을 전파하는 사역에 저의 남은 생애를 관제로 부어 드리기를 원합니다. **"네 보물 있는 그 곳에는 네 마음도 있느니라"**(마 6:21)고 주님께서 말씀하셨습니다. 혹시 우리 마음이 이 세상에서 잘 먹고 잘 사는 데에 가 있지 않습니까? 그렇다면 우리는 주님의 참 제자가 아닙니다.

묵묵히 죽음의 길을 가신 예수님

　값진 향유를 부어 드린 여인처럼, 제자들도 주님과 마음이 연합되었으면 얼마나 좋았겠습니까? 그렇지만 주님은 그렇지 못한 제자들을 **"사랑하시되 끝까지 사랑"**(요 13:1)하셨습니다. 우리 주님은 상한 갈대도 꺾지 아니하시고 꺼져 가는 심지도 끄지 않는 분입니다. 우리 주님께서는 제자들이 그런 자들인 줄을 이미 아셨습니다. 주님께서는 우리들이 당시의 제자들과 별로 차이가 없는 줄도 다 아십니다. 그래도 주님은 묵묵히 당신이 감당해야 할 죽음의 길을 가셨습니다. 우리가 거시기한 자들인 줄을 아시고도 당신을 거역하는 자들을 구원하시려고 묵묵히 죽음의 길을 가셨습니다. 예수님은 오직 아버지의 뜻을 이루어 드리는 그 일에 온 마음을 다 두시고 한 걸음 한 걸음 십자가를 향해 걸어가셨습니다.
　"저희가 먹을 때에 이르시되 내가 진실로 너희에게 이르노니 너희 중에 한 사람이 나를 팔리라 하시니"(마 26:21)—예수님은 가룟 유다가 배반할 것도 다 아셨습니다. 제자들은 주님의 말씀에 뜨끔했습니다. 그래서 앞을 다투어서, **"주여 내니이까?"** 하고 물었습니다. 모든 제자들의 마음에 배반의 그늘이 드리워져 있었습니다. 자기들이 3년간이나 예수님을 따라다니면서 오직 주님께서 다윗의 왕좌를 차지하시면 자기들도 영화를 누려보겠다는 기대감이 충만했었는데, 주님은 당신께서 돌아가신다고 하시니 제자들의 마음이 믿음에서 떠나 혼란스러웠을 것입니다. 만일 주님께서 자기들의 기대를 저버리고 죽음의 길을 가신다면 자기들도 미련 없이 주님을 배반할 작정이었을 것입니다.
　우리는 하나님의 뜻을 알고 좇아야 합니다. 하나님 아버지께서는 당신의 외아들을 육신으로 보내셔서 전 인류의 죄를 대속(代贖)할 흠 없는 어린양으로 삼으셨습니다. 속죄제사는 반드시 흠 없는 어린양이 안수를 받아서 죄를 담당하고 대속의 피를 흘리며 죽어야만 완성됩니다. 이러한 법도를 좇아 이스라엘 백성들은 일 년에 한 번씩 대속죄일(大贖罪日)의 제사로 죄 사함을 받았습니다. 그날(제 7월 제 10일)에는 대제사장(大祭司長)이 이스라엘 백성 전체를 대표해서 흠 없는 아사셀 염소의 머리에 안수하고 백성들의 죄를 고했는데, 그때에 이스라엘 백성 전체가 지난 일 년 동안에 지은 모든 죄가 아사셀 염소에게로 단번에 넘어갔습니다. 그러면 미리 정한 사람이 그 염소를 광야에 멀리 끌고 가서 버리고 돌아왔습니다. 이스라엘 백성의 일 년 치 죄를 안수(按手)로 담당한 그 염소가 대속의 죽임을 당함으로써 이스라엘 백성 전체가 지난 일 년 동안 지은 모든 죄가 단번에 죄 사함을 받았습니다(레 16:20-22).

"율법은 장차 오는 좋은 일의 그림자요 참형상이 아니므로 해마다 늘 드리는바 같은 제사로는 나아오는 자들을 언제든지 온전케 할 수 없느니라"(히 10:1)—율법을 좇아 해마다 늘 드렸던 대속죄일(大贖罪日)의 제사로는 우리의 죄가 **"언제든지(영원히) 온전케"** 사해질 수 없었습니다. 즉 이스라엘 백성들은 대속죄일(大贖罪日)의 제사를 드리고 돌아가는 길에 다시 죄를 짓고 죄인으로 전락해서 신음할 수밖에 없었습니다. 이와 같이 대속죄일의 제사는 **"장차 오는 좋은 일의 그림자요 참형상"**이 아니었습니다. **"참형상"**은 예수님께서 당신의 몸으로 드려 주신 **"한 영원한 제사"**(히 10:12)입니다.

속죄의 제사에는 1) 흠 없는 제물, 2) 안수(죄를 넘김), 3) 피 흘림(죗값을 치름)이 필수적 요소였듯이, 예수님은 성령으로 마리아의 태중에 잉태되신 성자(聖子) 하나님이셨기에 전 인류의 속죄제사를 위한 흠 없는 합격 제물이었습니다. 예수님께서 서른 살이 되셨을 때에 인류의 대표자이며 대제사장 아론의 후손인 세례 요한에게 안수의 형식으로 세례를 받으셨습니다. 그때에 주저하던 세례 요한을 향해서 주님은 **"이제 허락하라 우리가 이와 같이 하여 모든 의를 이루는 것이 합당하니라"**(마 3:15)고 명령하셨습니다. **"그 세례"**(행 10:37)로 이 세상의 모든 죄는 단번에 주님의 육체 위로 넘어갔고 이 세상에는 **"모든 의"**가 이루어졌습니다. 그래서 세례를 받으신 주님은 **"세상 죄를 지고 가는 하나님의 어린양"**(요 1:29)이 되셨습니다.

"그 세례"(행 10:37)로 이 세상의 모든 죄를 짊어지신 예수님은 이제 반드시 돌아가셔야만 했습니다. 그리고 주님께서는 **"성경대로"**(고전 15:3) 우리 죄를 위하여 돌아가셨습니다. 그런데 제자들은 예수님께서 돌아가시겠다고 말씀하시는데, 그래야만 너희들의 구원이 완성된다고 말씀하시는데, 주님의 말씀을 귓등으로 듣고 오직 자기들의 욕망만을 좇았습니다. 오늘날의 기독교인들 중에도 정작 주님께서 기뻐하시는 일에는 관심이 없고 자기의 욕망만을 좇는 자들이 많습니다.

문둥이 시몬이 초대했던 식사 자리에 함께 있었던 자 중에, 값진 향유를 예수님께 부어 드려서 주님의 장례를 예비한 여인만이 주님의 말씀을 온전히 믿었습니다. 그 여인만이 주님의 마음을 시원하게 해 드렸습니다. 하나님께서는 우리의 믿음을 기뻐하십니다. 우리도 그 여인처럼 주님의 마음과 연합한 자들이 되어야 합니다. 저는 우리 모두가 우리를 향하신 주님의 뜻이 무엇인지를 깨닫고 자원함과 기쁨으로 주님과 마음을 연합하여 주님의 뜻을 좇아가는 성도들이 되시기를 바랍니다.

　말씀을 마쳤습니다.

성찬 예식에 담긴 복음의 원형

"저희가 먹을 때에 예수께서 떡을 가지사 축복하시고 떼어 제자들을 주시며 가라사대 받아 먹으라 이것이 내 몸이니라 하시고

또 잔을 가지사 사례하시고 저희에게 주시며 가라사대 너희가 다 이것을 마시라

이것은 죄 사함을 얻게 하려고 많은 사람을 위하여 흘리는바 나의 피 곧 언약의 피니라

그러나 너희에게 이르노니 내가 포도나무에서 난 것을 이제부터 내 아버지의 나라에서 새것으로 너희와 함께 마시는 날까지 마시지 아니하리라 하시니라

이에 저희가 찬미하고 감람산으로 나아가니라"(마 26:26-30).

교회의 예식 안에 계시된 원형복음

사람들은 잊어서는 안될 중대한 일을 기억하기 위해서 예식(禮式)이나 기념일(紀念日)을 제정하고 지킵니다. 구약시대의 대표적인 예식은 하나님께서 아브라함에게 명하시고 세워 주신 할례(割禮)의 예식입니다. 이스라엘 백성들은 사내아이가 태어나면 8일 만에 할례를 베풀었으며 할례를 받지 않은 자는 이스라엘 백성에서 끊어졌습니다. 이방인들조차 이스라엘 백성에 편입되려면 반드시 할례를 받아야 했습니다. 할례의 예식은 남자들의 생식기 표피(表皮)의 끝을 베어 버리는 예식인데, 이는 이스라엘 백성의 죄를 없애 주셔서 당신의 백성으로 삼으신 하나님의 은혜를 기억하는 표

입니다. 할례를 받은 이스라엘 남자들은 하루에도 몇 번씩 소변을 볼 때마다 자기들의 죄를 없애 주시고 거룩한 백성으로 삼아주신 하나님의 은혜를 기억했습니다.

그런데 사도 바울은 **"할례는 마음에 할찌니 신령에 있고 의문에 있지 아니한 것이라"**(롬 2:29)고 선포했습니다. 하나님께서 육체의 할례라는 예식을 세워 주시고 준행하도록 명하신 것은 우리가 마음에 할례를 받은 자들이라는 사실을 기억하게 하신 표(標)입니다. 하나님의 구원의 복음을 믿는 자는 마음에서 죄가 뚝 끊어져 나가는 은혜, 즉 마음의 할례를 받은 자입니다. 여러분은 마음에 죄가 남아 있습니까? 그렇다면 속히 진리의 원형복음을 믿음으로 **"마음의 할례"**를 받아야 합니다. 만일 마음의 할례인 죄 사함을 받지 못하면 하나님의 백성에서 끊어집니다.

주님께서 신약 교회에 세워 주신 대표적인 예식은 세례(洗禮)와 성찬(聖餐) 예식인데, 신약의 세례는 구약의 할례(割禮)와 같은 의미의 예식입니다. 예수님은 전 인류의 대속제물이 되기 위해서 처녀 마리아의 몸에서 흠 없는 육신을 입고 오신 성자(聖子) 하나님입니다. 예수님은 서른 살이 되자 요단강으로 나오셔서 인류의 대표자인 세례 요한에게 안수의 형식으로 세례를 받았습니다. 그때에 예수님은 당신에게 세례 베풀기를 주저하던 세례 요한에게 **"이제 허락하라 우리가 이와 같이 하여 모든 의를 이루는 것이 합당하니라"**(마 3:15)고 준엄하게 명령하셨습니다. **"그 세례"**(the Baptism, 행 10:37)를 통해서 세상의 모든 죄가 예수님의 육체로 단번에 넘어갔습니다. 예수님께서는 세례를 받으신 **"이튿날"**에 세례 요한에게 **"보라 세상 죄를 지고 가는 하나님의 어린양이로다"**(요 1:29) 하는 증거를 받으셨습니다. 예수님께서 받으신 **"그 세례"**로 인하여 예수님은 **"세상 죄를 지고 가는 하나님의 어린양"**이 되셨습니다.

　　예수님께서는 안수의 형식으로 받으신 세례로 저와 여러분의 모든 죄를 넘겨받아 짊어지시고 십자가로 가셨습니다. 예수님은 인류의 대속제물이 되기 위해서 육신을 입고 오신 성자(聖子) 하나님입니다. 창조주이신 하나님께서 피조물인 우리들을 **"이처럼 사랑하사"** 자기의 생명을 아낌없이 속전(贖錢)으로 내어 주러 오셔서, **"물과 피"**(요일 5:6)의 사역으로 우리를 모든 죄에서 일방적으로 그리고 온전하게 구원하셨습니다. 예수님께서 십자가에 달리셔서 여섯 시간 동안 절규하시며 피를 흘리시고 그 마지막에 **"다 이루었다"**(요 19:30)라고 크게 외치시고 돌아가셨습니다. 그때에 성전의 지성소 앞을 가로막고 있었던 휘장이 위에서 아래까지 큰 폭으로 찢어져서 지성소로 들어가는 문이 활짝 열렸습니다. 이제 누구든지 "예수님께서 받으신 세례와 흘리신 십자가의 피로 우리의 모든 죄를 온전히 없애 주셨다"라는 진리의 복음을 믿는 자는 죄 사함을 받고 하나님의 보좌 앞에 담대히 나아가게 되었습니다. 그래서 **"세례 요한의 때부터 지금까지 천국은 침노를 당하나니 침노하는 자는 빼앗느니라"**(마 11:12)는 주님의 말씀이 이루어졌습니다.

　　예수님께서 받으신 세례 안에는 주님의 구원사역이 모두 담겨 있습니다. 예수님께서는 세례 요한에게 안수(按手)의 형식으로 세례를 받으셨습니다. "안수"(按手)는 희생(犧牲)의 제물(祭物)에게 죄를 넘기는 하나님의 법입니다. 구약성경 레위기의 모든 속죄제사에는 죄를 제물에게로 넘기는 "안수"가 필수요건으로 기록되어 있습니다. 이 뜻을 좇아 예수님께서는 인류의 대표자이며 대제사장 아론의 후손인 세례 요한에게 안수의 형식으로 세례를 받으셨습니다. **"그 세례"**(the Baptism, 행 10:37)로 인류의 모든 죄가 예수님에게로 단번에 넘어갔습니다. **"이와 같이 하여"**(마 3:15) 모든 죄를 담당하신 예수님은 물에 잠기셨다가 다시 물에서 올라오셨습니다. 예수님이 물에 잠기신 것은 장차 그 모든 죄의 값을 지불하기 위해서 돌아가실 것을, 물에서 다시 올라오신 것은 예수님께서 **"하나님의 의"**를 완성하셨기에 다시 부활하실 것을 계시(啓示)합니다.

그러므로 주님께서 **"물과 피로 임"**(요일 5:6)하셔서 자기의 모든 죄와 허물을 완전하고도 영원토록 없애 주셨다고 믿는 사람은 죄 사함을 받고 의인으로 거듭납니다. 진리의 원형복음을 믿고 거듭난 의인들, 즉 하나님의 은혜로 거룩해진 성도(聖徒)들은 자신들의 믿음을 선포하기 위해서 교회 안에서 세례(洗禮)를 받습니다. 성도들이 받는 세례의 예식은 "저도 물과 피의 복음을 믿습니다"라는 신앙고백입니다. 거듭난 의인들은 세례식을 통해서 하나님 앞에서 또 교회 앞에서 자신이 하나님의 은혜로 **"죄 사함으로 말미암는 구원"**(눅 1:77)을 받았다고 선포하는 것입니다. 또한 세례식은 사단 마귀에게 전쟁을 선포하는 예식이기도 합니다. 다윗은 골리앗을 향해서 달려나가면서 **"너는 칼과 창과 단창으로 내게 오거니와 나는 만군의 여호와의 이름 곧 네가 모욕하는 이스라엘 군대의 하나님의 이름으로 네게 가노라"**(삼상 17:45) 하고 선포했습니다. 이처럼 죄 사함을 받은 의인들이 "사단 마귀야, 나는 예수님의 세례와 십자가의 피를 믿어서 죄 사함을 받은 의인이다! 이제 나는 하나님의 종이고 내 안에는 성령 하나님께서 계시니 이제 얼마든지 너를 짓밟아 주겠다" 하고 사단 마귀에게 전쟁을 선포하는 예식이 바로 성도의 세례입니다.

성찬의 예식 안에 담겨 있는 원형복음

"저희가 먹을 때에 예수께서 떡을 가지사 축복하시고 떼어 제자들을 주시며 가라사대 받아 먹으라 이것이 내 몸이니라 하시고 또 잔을 가지사 사례하시고 저희에게 주시며 가라사대 너희가 다 이것을 마시라 이것은 죄 사함을 얻게 하려고 많은 사람을 위하여 흘리는바 나의 피 곧 언약의 피니라"(마 26:26-28).

신약의 교회 안에 세워진 또 하나의 예식은 성찬(聖餐)의 예식입니다. 예수님께서는 마지막 유월절 만찬을 드시면서 성찬의 예식을 세워 주셨습니다. 이 유월절만찬을 드신 후에 감람산(the Mount of Olives)으로 기도하러 가셨다가 거기서 붙잡혀서 죽음을 맞으실 것을 주님은 이미 다 알고 계셨습니다. 이제 주님에게는 제자들에게 당신의 말씀을 가르칠 수 있는 시간도 더 이상 없었습니다. 그래서 주님께서는 당신의 제자들이 진리의 복음을 영원토록 잊지 않도록 성찬의 예식을 세워 주신 것입니다.

주님은 떡과 포도주를 통해서 주님의 구원사역을 제자들이 기억하고 기념하게 하셨습니다. 주님은 먼저 떡을 들어서 아버지께 감사의 기도를 드리고 제자들에게 떼어 주시면서 **"받아 먹으라 이것이 내 몸이니라"**라고 하셨고, 포도주 잔을 들어서 감사의 기도를 드린 후에 제자들에게 주시며 **"너희가 다 이것을 마시라 이것은 죄 사함을 얻게 하려고 많은 사람을 위하여 흘리는바 나의 피 곧 언약의 피니라"** 하고 말씀하셨습니다. 그리고 이 예식을 주님께서 다시 오실 때까지 행하라고 명하셨습니다.

그러면 **"주님의 몸을 받아 먹으라"**라는 말씀과 **"주님의 피를 받아 마시라"**라고 명하신 것이 무슨 뜻입니까? 우리가 음식을 먹거나 마시면 그것이 우리 몸 안으로 들어가지 않습니까? 따라서 "먹는다" 또는 "마신다"라는 말씀은 "믿음으로 취한다"라는 뜻입니다. 그러므로 성찬(聖餐)의 예식은 주님께서 몸을 입고 오셔서 받으신 세례로 세상의 모든 죄가 예수님께로 넘어갔다는 사실과 주님께서 세례로 담당하신 세상 죄를 대속하기 위해서 흘리신 십자가 보혈의 능력을 믿고 기억하라고 주님께서 친히 세워 주신 예식입니다.

"떡"은 육체를 입고 오신 예수님을 계시합니다. 영(靈)이신 성자(聖子) 하나님께서 왜 우리와 같은 육신을 입고 비천한 형상으로 이 땅에 오셨습니까? 그것은 몸이 있어야 안수의 형식으로 세례를 받아 세상 죄를 담당하실 수 있기 때문입니다. 그래서 성경에 기록된 예수님의 **"몸"**이나 **"살"** 또는 **"육체"**는 모두 예수님께서 받으신 세례를 전제하는 말씀입니다. 예수님께서는 보리떡 다섯 개와 물고기 두 마리로 오천 명을 먹이신 이적을 베푸셨습니다. 굶주렸다가 배불리 먹은 사람들은 결사적으로 예수님을 좇았습니다. 예수님께서는 그들에게 **"너희들이 나를 좇는 것은 먹고 배불렸기 때문이다. 썩을 양식을 위해서 일하지 말고 썩지 아니할 양식을 위해서 하라"** 라고 책망하셨습니다. 그들은 "우리 조상 모세가 하늘에서 떡을 내려 먹게 했다"라고 주님께 대들었습니다. 그러자 예수님께서는 **"내가 곧 생명의 떡이니 내게 오는 자는 결코 주리지 아니할 터이요 나를 믿는 자는 영원히 목마르지 아니하리라"**(요 6:35)고 말씀하셨습니다.

또한 예수님께서 그들에게 **"나는 하늘로서 내려온 산 떡이니 사람이 이 떡을 먹으면 영생하리라 나의 줄 떡은 곧 세상의 생명을 위한 내 살이로라"**(요 6:51)고 말씀하셨습니다. 유대인들은 주님의 말씀을 듣고 **"이 사람이 어찌 능히 제 살을 우리에게 주어

먹게 하겠느냐" 하고 수근거렸지만, 주님은 "진실로 진실로 너희에게 이르노니 인자의 살을 먹지 아니하고 인자의 피를 마시지 아니하면 너희 속에 생명이 없느니라 내 살을 먹고 내 피를 마시는 자는 영생을 가졌고 마지막 날에 내가 그를 다시 살리리니 내 살은 **참된 양식이요 내 피는 참된 음료로다**"(요 6:53-55)라고 분명히 말씀하셨습니다.

천국의 영생을 얻으려면 **예수님의 살을 먹고 예수님의 피를 마셔야** 합니다. 예수님의 살은 예수님께서 육체를 입고 오셔서 인류의 죄를 단번에 담당하신 세례를 계시하고 예수님의 피는 세례로 담당하신 세상 죄를 대속하신 십자가의 죽으심을 의미합니다. 주님의 **"살과 피"**를 다 믿어야만 영생의 구원을 얻습니다. 뒤집어서 말하자면, 예수님의 피만 마시고 예수님의 살을 먹지 않는 기독교인들은 결코 천국의 영생을 얻을 수 없습니다. 그런데 오늘날의 기독교는 예수님의 피만을 마십니다. 그들은 예수님께서 살을 입고 이 땅에 오셔서 받으신 세례의 능력을 믿지 않습니다. 그러니 그들은 기독죄인들(Christian-sinners)로 남을 수밖에 없고 예수님을 평생 동안 믿고도 지옥의 심판을 받을 수밖에 없는 비참한 처지에 놓여 있습니다.

"이는 물과 피로 임하신 자니 곧 예수 그리스도시라 물로만 아니요 물과 피로 임하셨고 증거하는 이는 성령이시니 성령은 진리니라 증거하는 이가 셋이니 성령과 물과 피라 또한 이 셋이 합하여 하나이니라"(요일 5:6-8).

사도 요한은 예수 그리스도를 하나님의 아들이시며 **"물과 피로 임하신 자"**(요일 5:6)라고 선포합니다. 예수님께서 우리를 모든 죄에서 온전히 구원하셨다고 증거하는 이는 **"성령과 물과 피"**입니다.

성령은 예수님이 **"하나님의 아들"**이라고, 즉 인류의 죄를 대속하기에 아무 하자가 없는 흠 없는 합격(合格) 제물이라고 증거합니다. **"물"**은 예수님께서 서른 살이 되셨을 때에 인류의 대표자인 세례 요한에게 세례를 받으심으로 세상 죄를 단번에 담당하신 주님의 사역을 의미합니다. **"피"**는 주님께서 세상 죄를 대속하시기 위해서 흘리신 십자가 보혈입니다. **"성령과 물과 피"**의 증거가 **"합하여 하나"**입니다. 만일 이 세 가지 증거 중에서 어느 하나를 빼버리고 복음을 전하면 그런 복음이 온전한 것입니까? 결코 그렇지 않습니다.

위(魏)나라, 오(吳)나라, 촉(蜀)나라가 세력의 균형을 이루었던 고대 중국의 삼국시대를 일컬어 "정족지세(鼎足之勢)의 형국"이라고 부릅니다. 정족(鼎足)이란 화로의 세 다리를 의미합니다. 화로는 세 개의 다리가 균형을 맞추고 있어서 절대로 뒤뚱거리지 않습니다. 만일 화로의 세 다리 중에서 다리 하나를 잘라 버린다면 그 화로의 불이 쏟아져서 큰 화재로 번질 것입니다. 오늘날의 기독교는 **"합하여 하나"**인 **"성령과 물과 피"**의 증거 중에서 **"물"**의 증거를 잘라 버렸습니다. 그러므로 십자가의 피만의 복음은 **"합하여 하나"**를 이룰 수 없는 반쪽 복음입니다. 제가 자전거를 대문 앞에 세워 놓았더니, 밤 동안에 누군가가 제 자전거에서 앞바퀴를 떼어 갔다고 칩시다. 그런 자전거를 타고 달릴 수 있겠습니까? 사단 마귀는 오랫동안 복음 진리의 앞바퀴를 몰래 떼어 내는 작업을 완수했고, 따라서 지금의 기독교인들은 사단 마귀가 변질시킨 반쪽짜리 복음을 헛되게 믿고 있습니다. 그러니 오늘날의 기독교인들은 앞바퀴도 없는 이상한 복음의 자전거를 타고 달려보겠다고 용을 쓰고 있는 셈입니다.

성찬(聖餐)의 예식 안에는 진리의 원형복음이 고스란히 담겨 있습니다. 초대교회는 그러한 주님의 뜻을 받들어서 성찬의 예식을 준행했습니다.

"내가 너희에게 전한 것은 주께 받은 것이니 곧 주 예수께서 잡히시던 밤에 떡을 가지사 축사하시고 떼어 가라사대 이것은 너희를 위하는 내 몸이니 이것을 행하여 나를 기념하라 하시고 식후에 또한 이와 같이 잔을 가지시고 가라사대 이 잔은 내 피로 세운 새 언약이니 이것을 행하여 마실 때마다 나를 기념하라 하셨으니 너희가 이 떡을 먹으며 이 잔을 마실 때마다 주의 죽으심을 오실 때까지 전하는 것이니라"(고전 11:23-26). 사도 바울도 이방인들에게 복음을 전해서 교회가 세워지면 성찬의 예식을 준행하면서 성도들이 주님의 은혜를 기억하게 했습니다. 그런데 초대교회 시대가 지나가면서 사단 마귀의 농간으로 기독교는 "물의 증거"를 잃어버렸습니다. 지금의 기독교가 왜 이렇게 무능력하고 세속적인 종교가 되었습니까? 그것은 "물과 피로 임"(요일 5:6)하신 예수 그리스도의 복음 중에서 "물의 증거"를 빼버리고 십자가의 피만을 믿는 반쪽짜리 복음을 믿고 있기 때문입니다. 이 반쪽짜리 복음은 사단 마귀의 작품입니다. 사단 마귀는 "합하여 하나"인 "성령과 물과 피"의 증거 중에서 "물"의 증거만 빼버리면 기독교가 전 세계를 덮는다고 해도 아무도 "죄 사함으로 말미암는 구원"(눅 1:77)을 받을 수 없다는 사실을 잘 알고 있습니다.

기독교 교리의 핵심을 담고 있는 기도문이 사도신경(the Apostles' Creed)인데, 사도신경의 원형이라고 할 수 있는 것이 바로 "구(舊)로마 신경(信經)"입니다. AD 150년경에 만들어진 "구로마 신경"(Old Roman Creed)에는 마태복음 28장의 대사명(大使命, the Great Commission)에 근거해서 "아버지와 아들과 성령의 이름으로 주는 세례"가 포함되어 있었습니다. 그런데 기독교가 로마 제국의 공인을 받으면서 급속히 세속화(世俗化)와 제도화(制度化)의 길을 걷게 됩니다. 이때에 사단 마귀는 서서히 복음의 진리를 변질시키는 일을 했습니다. 사단은 예수님께서 받으신 세례의 능력을 성도들이 깨닫지 못하도록 사도신경에서 예수님께서 받으신 세례의 흔적을 지워 나갔습니다. 그래서 4-5세기에 있었던 여러 차례의 공의회(니케아 종교회의, 콘스탄티노플 회의, 에베소 회의, 칼케돈 회의 등)를 거치면서 예수님께서 받으신 세례의 비밀은 사도신경에서 완전히 사라지게 되었습니다. 오늘날 기독교인들이 암송하는 사도신경(the Apostles' Creed)은 8세기경에 확정된 것인데, 사도신경의 어디에도 예수님의 세례의 진리는 발견되지 않습니다. 그 결과 **"물과 피로 임"**(요일 5:6)하신 예수님의 사역 중에서 **"물로 임하신 주님의 사역"**은 오늘날의 사도신경에서 완전히 사라져 버렸습니다.

지금 기독교인들이 예배 때에 암송하는 사도신경에는 우리의 죄가 예수님께로 넘어간 진리의 말씀이 누락되어 있습니다. 그래서 기독교인들이 "예수님은 우리의 죄를 위해서 본디오 빌라도에게 고난을 받으시고 십자가에 못 박혀 돌아가셨다"라는 사도신경을 좔좔 외우고 믿는다고 해도 자기의 마음에는 죄가 그대로(intact) 남아 있을 수밖에 없습니다. 자기의 죄가 예수님께 넘어간 말씀의 증거가 없는데 어떻게 죄 사함을 받겠습니까? 예수님께서 우리를 위해서 십자가의 죽음을 당해 주신 것은 감사합니다마는 기독교인들의 죄는 그들의 마음에 고스란히 남아 있을 수밖에 없습니다. 그 결과 기독죄인들(Christian-sinners)은 사도신경의 뒷부분에 가서 **"죄를 사하여 주시는 것과"**라고 고백합니다. 반면에 물과 피의 복음을 믿어서 거듭난 성도들은 **"죄를 사하여 주신 것과"**라고 신앙고백을 합니다. 이 두 가지 신앙고백의 차이는 천국과 지옥의 차이입니다. 예수님의 세례를 십자가의 피와 함께 믿어서 하나님께서 **"죄를 사하여 주신 것"**을 고백하는 의인들은 영생(永生)의 천국에 들어갈 것이고, 예수님의 **"물의 사역"**을 잃어버린 반쪽 복음을 믿어서 마음에 죄가 있는 기독죄인들은 자기들이 회개 기도를 할 때마다 하나님께서 **"죄를 사하여 주시는 것"**이라고 믿습니다. 세례의 비밀을 믿지 않는 죄인들은 영벌(永罰)의 지옥에 들어갈 것입니다.

주님께서는 당신이 재림하실 때까지 성찬의 예식을 행하라고 명하셨습니다. 이는 우리의 모든 죄가 주님의 **"물과 피의 사역"**으로 단번에 영원토록 사해졌다는 진리의 원형복음을 믿고 간직하라는 명령입니다. 우리가 지금까지 지은 죄뿐만 아니라 앞으로 지을 죄까지도, 우리가 연약하고 부족해서 부지중에 짓는 죄뿐만 아니라 의도적으로 짓고서 지금은 후회막심(後悔莫甚)한 그런 죄까지도, 우리 마음의 모든 죄는 주님이 요단강에서 받으신 세례를 통해서 예수님께로 다 넘어갔습니다. **"이와 같이 하여 모든 의"**(마 3:15)가 이루어진 것입니다. 그래서 예수님의 세례의 능력을 믿고 또 주님께서 세례로 담당한 인류의 죄를 십자가에서 피 흘려서 다 갚아 주시고 마지막에 **"다 이루었다"**(요 19:30)라고 외치시고 돌아가심으로 우리의 죄를 깨끗이 없애 주셨다는 그 진리의 원형복음을 믿는 자는 영생을 얻는 것입니다. 예수님의 **"살과 피를 먹고 마시는 자"**는 이미 **"사망에서 생명"**(요 5:24)으로 옮겨졌습니다. 주님께서는 마지막 유월절 만찬의 자리에서 성찬의 예식을 세워 주심으로 당신의 제자들이 진리의 원형복음을 영원히 기억하고 기념하게 하셨습니다.

하나님 아버지의 뜻을 이룰 때까지

"그러나 너희에게 이르노니 내가 포도나무에서 난 것을 이제부터 내 아버지의 나라에서 새 것으로 너희와 함께 마시는 날까지 마시지 아니하리라 하시니라"(마 26:29).

주님께서는 오직 **"하나님의 의"**를 완성해서 우리를 모든 죄에서 구원하시려고 비장한 마음으로 십자가의 길을 묵묵히 가셨습니다. "나는 하나님 아버지의 뜻을 다 이루어 드리고 나서야 너희들과 함께 아버지의 나라에서 기쁨의 잔을 나눌 것이다"라는 주님의 마음을 우리는 헤아리고 알아야 합니다. 저는 오늘의 본문 말씀을 보면서, "저의 마음이 향유 옥합을 깨뜨린 그 여인과 같은가? 혹시 당시의 제자들처럼 나도 나의 욕망만을 좇고 있지는 않는가?" 하고 저 자신을 돌아봅니다. 우리는 주님의 마음과 연합했던 마리아의 마음을 품고 주님과 동행해야 할 것입니다.

말씀을 마쳤습니다.

연약한 자들을 긍휼히 여기시는 주님

"이에 저희가 찬미하고 감람산으로 나아가니라
  때에 예수께서 제자들에게 이르시되 오늘 밤에 너희가 다 나를 버리리라 기록된바 내가 목자를 치리니 양의 떼가 흩어지리라 하였느니라
  그러나 내가 살아난 후에 너희보다 먼저 갈릴리로 가리라
  베드로가 대답하여 가로되 다 주를 버릴찌라도 나는 언제든지 버리지 않겠나이다
  예수께서 가라사대 내가 진실로 네게 이르노니 오늘밤 닭 울기 전에 네가 세번 나를 부인하리라
  베드로가 가로되 내가 주와 함께 죽을찌언정 주를 부인하지 않겠나이다 하고 모든 제자도 이와 같이 말하니라
  이에 예수께서 제자들과 함께 겟세마네라 하는 곳에 이르러 제자들에게 이르시되 내가 저기 가서 기도할 동안에 너희는 여기 앉아 있으라 하시고
  베드로와 세베대의 두 아들을 데리고 가실쌔 고민하고 슬퍼하사
  이에 말씀하시되 내 마음이 심히 고민하여 죽게 되었으니 너희는 여기 머물러 나와 함께 깨어 있으라 하시고
  조금 나아가사 얼굴을 땅에 대시고 엎드려 기도하여 가라사대 내 아버지여 만일 할만하시거든 이 잔을 내게서 지나가게 하옵소서 그러나 나의 원대로 마옵시고 아버지의 원대로 하옵소서 하시고
  제자들에게 오사 그 자는 것을 보시고 베드로에게 말씀하시되

너희가 나와 함께 한 시 동안도 이렇게 깨어 있을 수 없더냐
 시험에 들지 않게 깨어 있어 기도하라 마음에는 원이로되 육신이 약하도다 하시고
 다시 두번째 나아가 기도하여 가라사대 내 아버지여 만일 내가 마시지 않고는 이 잔이 내게서 지나갈 수 없거든 아버지의 원대로 되기를 원하나이다 하시고
 다시 오사 보신즉 저희가 자니 이는 저희 눈이 피곤함일러라
 또 저희를 두시고 나아가 세번째 동일한 말씀으로 기도하신 후
 이에 제자들에게 오사 이르시되 이제는 자고 쉬라 보라 때가 가까왔으니 인자가 죄인의 손에 팔리우느니라
 일어나라 함께 가자 보라 나를 파는 자가 가까이 왔느니라
 말씀하실 때에 열 둘 중에 하나인 유다가 왔는데 대제사장들과 백성의 장로들에게서 파송된 큰 무리가 검과 몽치를 가지고 그와 함께 하였더라
 예수를 파는 자가 그들에게 군호를 짜 가로되 내가 입맞추는 자가 그이니 그를 잡으라 하였는지라
 곧 예수께 나아와 랍비여 안녕하시옵니까 하고 입을 맞추니
 예수께서 가라사대 친구여 네가 무엇을 하려고 왔는지 행하라 하신대 이에 저희가 나아와 예수께 손을 대어 잡는지라
 예수와 함께 있던 자 중에 하나가 손을 펴 검을 빼어 대제사장의 종을 쳐 그 귀를 떨어뜨리니
 이에 예수께서 이르시되 네 검을 도로 집에 꽂으라 검을 가지는 자는 다 검으로 망하느니라
 너는 내가 내 아버지께 구하여 지금 열 두 영 더되는 천사를 보내시게 할 수 없는 줄로 아느냐

내가 만일 그렇게 하면 이런 일이 있으리라 한 성경이 어떻게 이루어지리요 하시더라

그 때에 예수께서 무리에게 말씀하시되 너희가 강도를 잡는 것 같이 검과 몽치를 가지고 나를 잡으러 나왔느냐 내가 날마다 성전에 앉아 가르쳤으되 너희가 나를 잡지 아니하였도다

그러나 이렇게 된 것은 다 선지자들의 글을 이루려 함이니라 하시더라 이에 제자들이 다 예수를 버리고 도망하니라

예수를 잡은 자들이 끌고 대제사장 가야바에게로 가니 거기 서기관과 장로들이 모여 있더라

베드로가 멀찍이 예수를 좇아 대제사장의 집 뜰에까지 가서 그 결국을 보려고 안에 들어가 하속들과 함께 앉았더라

대제사장들과 온 공회가 예수를 죽이려고 그를 칠 거짓증거를 찾으매

거짓 증인이 많이 왔으나 얻지 못하더니 후에 두 사람이 와서

가로되 이 사람의 말이 내가 하나님의 성전을 헐고 사흘에 지을 수 있다 하더라 하니

대제사장이 일어서서 예수께 묻되 아무 대답도 없느냐 이 사람들의 너를 치는 증거가 어떠하뇨 하되

예수께서 잠잠하시거늘 대제사장이 가로되 내가 너로 살아 계신 하나님께 맹세하게 하노니 네가 하나님의 아들 그리스도인지 우리에게 말하라

예수께서 가라사대 네가 말하였느니라 그러나 내가 너희에게 이르노니 이 후에 인자가 권능의 우편에 앉은 것과 하늘 구름을 타고 오는 것을 너희가 보리라 하시니

이에 대제사장이 자기 옷을 찢으며 가로되 저가 참람한 말을

하였으니 어찌 더 증인을 요구하리요 보라 너희가 지금 이 참람한 말을 들었도다

생각이 어떠하뇨 대답하여 가로되 저는 사형에 해당하니라 하고

이에 예수의 얼굴에 침 뱉으며 주먹으로 치고 혹은 손바닥으로 때리며

가로되 그리스도야 우리에게 선지자 노릇을 하라 너를 친 자가 누구냐 하더라

베드로가 바깥 뜰에 앉았더니 한 비자가 나아와 가로되 너도 갈릴리 사람 예수와 함께 있었도다 하거늘

베드로가 모든 사람 앞에서 부인하여 가로되 나는 네 말하는 것이 무엇인지 알지 못하겠노라 하며

앞문까지 나아가니 다른 비자가 저를 보고 거기 있는 사람들에게 말하되 이 사람은 나사렛 예수와 함께 있었도다 하매

베드로가 맹세하고 또 부인하여 가로되 내가 그 사람을 알지 못하노라 하더라

조금 후에 곁에 섰던 사람들이 나아와 베드로에게 이르되 너도 진실로 그 당이라 네 말소리가 너를 표명한다 하거늘

저가 저주하며 맹세하여 가로되 내가 그 사람을 알지 못하노라 하니 닭이 곧 울더라

이에 베드로가 예수의 말씀에 닭 울기 전에 네가 세번 나를 부인하리라 하심이 생각나서 밖에 나가서 심히 통곡하니라"(마 26:30-75).

예수님께서는 우리의 죄를 속량하시기 위해서 죽음의 길을 가

셔야만 했습니다. 주님께서는 당신의 제자들이 진리의 원형복음을 잊지 않도록 하기 위해서 마지막 유월절 만찬의 자리에서 성찬의 예식을 세워 주셨습니다. 그리고 기도하시러 겟세마네 동산에 가셨다가 거기에서 배반자 가룟 유다가 데리고 온 관속들에 의해서 붙잡혀 가셨습니다. 제자들은 3년여 동안 예수님을 따르면서 주님께로부터 천국 영생의 복음과 모든 생명의 말씀을 들었습니다. 그런데 이제 주님께서 당신이 잡혀가실 것을 말씀하시자, 제자들은 자기들의 죄를 대속하기 위해서 돌아가셔야만 했던 주님의 뜻을 헤아리지 못하고 모두 주님께서 감당해야만 하는 의의 길을 막아섰습니다. 베드로는 제일 앞장서서, **"다 주를 버릴지라도 나는 언제든지 버리지 않겠나이다"** 하고 자기의 결연한 의지를 보였습니다. 예수님께서는 베드로에게 **"내가 진실로 네게 이르노니 오늘 밤 닭 울기 전에 네가 세 번 나를 부인하리라"**(마 26:34)고 말씀하셨습니다. 베드로는 펄쩍 뛰면서 **"내가 주와 함께 죽을지언정 주를 부인하지 않겠나이다"**라고 결연한 자기의 의지를 다시 한번 고백했습니다. 또한 다른 제자들도 옆에서 웅성거리면서 "절대로 그런 일은 없으리라"라고 장담했습니다.

그런데 정작 예수님이 잡혀가시게 되자 제자들은 모두 예수님을 버리고 도망갔습니다. **"한 청년이 벗은 몸에 베 홑이불을 두르고 예수를 따라오다가 무리에게 잡히매 베 홑이불을 버리고 벗은 몸으로 도망하니라"**(막 14:51-52)는 말씀을 보면, 어떤 청년 제자는 관원들에게 붙잡히게 되자 몸에 두르고 있던 홑이불을 벗어 던지고 알몸으로 도망쳤습니다. 얼마나 다급하고 두려웠으면 그리했겠습니까?

베드로는 주님께서 예언하신 대로 예수님을 세 번이나 부인했습니다. 베드로가 예수님을 마지막으로 부인할 때에는 **"저주하며 맹세하여"**(마 26:74) 부인했습니다. 베드로는 자기에게 닥친 위기의 순간을 모면하려고 예수님을 모욕하고 능멸하면서까지 "나는 맹세코 예수님을 알지도 못한다"라고 단언했습니다. 주님께서 잡히시기 전에 제자들과 함께 겟세마네 동산으로 기도하러 가셨을 때에도 제자들은 그저 무사태평이었습니다. 주님은 곧 당신에게 임할 고난과 하나님 아버지로부터 단절되는 것이 괴로워서 **"내 마음이 심히 고민하여 죽게 되었으니 너희는 여기 머물러 나와 함께 깨어 있으라"**라고 제자들에게 당부하시고 당신은 조금 더 나아가서 땀이 피가 되도록 간절히 기도하셨습니다. 주님은 **"내 아버지여 만일 할 만하시거든 이 잔을 내게서 지나가게 하옵소서 그러나 나의 원대로 마옵시고 아버지의 원대로 하옵소서"**(마 26:39) 하고 간절히 기도하신 후에 제자들에게 와 보시니, 제자들은 잠만 자고 있었습니다. 주님은 **"너희가 나와 함께 한 시 동안도 이렇게 깨어 있을 수 없더냐 시험에 들지 않게 깨어 있어 기도하라 마음에는 원이로되 육신이 약하도다"**(마 26:40-41) 하고 제자들을 책망하셨습니다. 그리고 예수님께서는 다시 나아가셔서 간절히 기도하시고 돌아와 보시니 제자들은 여전히 자고 있었습니다. 이런 일도 세 번이나 반복되었습니다.

우리의 연약함을 불쌍히 여기시는 주님

"우리에게 있는 대제사장은 우리 연약함을 체휼하지 아니하는 자가 아니요 모든 일에 우리와 한결같이 시험을 받은 자로되 죄는 없으시니라"(히 4:15).

예수님은 성자(聖子) 하나님입니다. 주님께서는 우리를 속속들이 아십니다. 주님은 우리가 얼마나 부족하고 악하며 이기적인지, 우리가 얼마나 정욕적이고 위선적이며 교만한지를 다 아십니다. 우리에게 무슨 예쁜 구석이 있어서 주님께서 우리를 사랑하시고 구원해 주신 것이 절대 아닙니다. 주님께서는 우리의 실체를 다 아시면서 우리를 사랑하셔서 우리를 모든 죄에서 구원하시고자 당신의 생명을 내어 주셨습니다. 예수님께서는 죄를 알지도 못하시는 하나님이신데, 우리를 불쌍히 여기셔서 대속(代贖)의 제물이 되어 주시려고 육신을 입고 이 땅에 오셨습니다. 우리가 얼마나 추악하고 연약하고 거짓된지를 다 아시지만, 주님은 아무것도 문제 삼지 않으시고 일방적으로 당신의 몸을 대속의 제물로 드려서 우리를 모든 죄에서 구원해 주셨습니다.

그런데 주님께서 잡혀가실 때에 주님의 제자들은 다 도망을 갔습니다. 베드로는 **"내가 주와 함께 죽을지언정 주를 부인하지 않겠나이다"**라고 확고한 자기의 의지를 고백했습니다. 그러나 다급하게 되자 베드로도 **"저주하며 맹세하여"** 주님을 부인했습니다. 여러분은 자신이 결단코 주님을 배반하지 않을 자로 확신합니까? 우리가 진정 목숨을 걸고 주님을 쫓을 자들입니까? 마지막 때가 되어서 주님을 믿는다는 이유로 단두대에 우리의 목을 넣고 "주님을 부인하면 살려 주겠다"라고 강요하면 우리의 의지로 끝까지 주님을 부인하지 않을 줄 압니까? 저는 진정 내 의지만으로는 주님을 부인하지 않을 자신이 없습니다. 다만 그때에 성령님께서 제 안에서 역사하실 것을 믿기 때문에, 담대하고 장렬하게 죽음도 불사할 것이라고 믿습니다.

우리는 재물에 대해서도 연약한 자들이 아닙니까? 돈 때문에 믿음을 배반하는 자들도 많습니다. 여러분이 만일 로또 복권 1등에 당첨이 되어서 갑자기 600억 원을 손에 쥐게 되었다면, 주님의 복음을 위해서 그것을 드리고 기쁨으로 신앙생활을 할 것 같습니까? 여러분은 그 600억 원으로 무엇을 먼저 하겠습니까? 먼저 하나님의 나라와 그의 의를 위하는 일에 드리겠습니까? 아니면 나의 안녕과 풍족과 쾌락을 먼저 챙기겠습니까? 아니 로또 당첨까지 가정할 필요도 없습니다. 여러분은 믿음으로 **"온전한 십일조"**(말 3:10)를 드리고나 있습니까? 제가 십일조를 잘 드리라는 뜻으로 여러분들께 이 말씀을 드리는 것이 아닙니다. **"온전한 십일조"**는 우리 자신이 주님의 것이라는 믿음의 고백입니다. 여러분은 진정 여러분 자신을 주님의 것이라고 믿고 고백합니까?

어떤 사람은 로또 복권에 1등으로 당첨된 사실을 자기 부인한테도 비밀로 했답니다. 그는 복권 당첨금을 타지도 않고 이혼 절차부터 밟았습니다. 모든 꼬투리를 잡아서 이혼을 한 후에 당첨금을 받아서 젊고 예쁜 여자와 재혼을 하고 빌딩을 몇 채 사서 놀고 먹으면서 소위 "조물주 위에 건물주"가 되었답니다. 남의 얘기인 것만 같습니까? 착각하지 마십시오. 사람은 근본적으로 모두 악하며 이기적입니다. 저도 아주 악하고 이기적인 자입니다. 베드로나 다른 제자들이 우리보다 못해서 다급하게 되자 예수님을 배반하고 도망친 줄로 여기지 마십시오. 그분들보다 훨씬 형편없는 자들이 저와 여러분입니다. 우리는 자기의 이익이나 육신의 안위나 자기의 명예를 지키기 위해서 자기의 신념조차 아주 쉽게 무너뜨리는 자들입니다. 다만 주님의 **"진리의 사랑"**(살후 2:10)이 우리를 거듭나게 하셔서 우리가 새롭게 지으심을 받았기 때문에, 그래서 죄 사함을 받은 우리의 마음에 성령님께서 거하시기 때문에, 우리가 자기를 부인하면서 하나님의 말씀을 좇게 되었을 뿐입니다. 주님의 은 혜로 인하여, 우리는 잠시 후면 사라질 눈에 보이는 것들보다 눈에 보이지는 않을지라도 "영원한 것들," 즉 하늘에 속한 은사들을 사모하게 되었을 뿐입니다.

그런데 주님은 우리의 악함과 연약함을 문제 삼지 않고 우리를 체휼하시는 하나님입니다. 그렇게 악하고 부족하며 이기적이고 거짓된 우리를 무조건적으로 사랑하시고 모든 죄에서 구원하시기 위해서 주님은 우리를 대신해서 죽음의 길을 묵묵히 가셨습니다. 예수님은 흠 없는 제물로 이 땅에 오셔서 인류의 대표자인 세례 요한에게 안수(按手)의 형식으로 세례를 받으심으로 세상 죄를 단번에 당신의 육체에 넘겨받으셨습니다. **"우리는 다 양 같아서 그릇 행하여 각기 제 길로 갔거늘 여호와께서는 우리 무리의 죄악을 그에게 담당시키셨도다"**(사 53:6)라는 말씀대로 주님께서는 인류의 모든 죄와 허물을 받으신 세례로 단번에 담당하셔서 우리를 대신해서 십자가의 고난을 받아 주셨습니다.

"물과 피로 임"(요일 5:6)하셔서 우리를 구원하신 주님은 우리의 연약함을 체휼하시는 하나님입니다. 우리의 부족이나 연약이나 이기적인 것이나 악한 것이나 박약한 의지나 거짓된 것을 조금도 문제 삼지 않으시고 오히려 그러한 우리를 불쌍히 여기셔서 우리를 모든 죄에서 구원해 주신 성자(聖子) 하나님이 바로 예수 그리스도입니다. 제자들은 최후의 만찬 자리에서도 자기의 꼬락서니를 모르고 "내가 죽을지언정 결단코 주님을 버리지 않겠나이다" 하고 큰소리를 뻥뻥 치지 않았습니까? 3년이 넘도록 주님은 그들을 당신의 제자로 양육하고 돌보셨는데 그들이 주님을 헌신짝 버리듯이 버리고 다 도망갈 것을 이미 아셨으니 당시 주님의 마음은 얼마나 아프셨겠습니까? 그런데 주님은 제자들의 연약이나 부족이나 악함이나 이기적인 것들을 전혀 문제 삼지 않으셨습니다. 주님께서는 제자들을 비난하기보다는 오히려 끝까지 체휼하셨습니다. "체휼"(體恤)이란 상대방의 연약한 처지를 불쌍히 여기고 같이 아파한다는 뜻입니다.

"그러므로 우리에게 큰 대제사장이 있으니 승천하신 자 곧 하나님 아들 예수시라 우리가 믿는 도리를 굳게 잡을지어다 우리에게 있는 대제사장은 우리 연약함을 체휼하지 아니하는 자가 아니요 모든 일에 우리와 한결같이 시험을 받은 자로되 죄는 없으시니라 그러므로 우리가 긍휼하심을 받고 때를 따라 돕는 은혜를 얻기 위하여 은혜의 보좌 앞에 담대히 나아갈 것이니라"(히 4:14-16).

우리가 얼마나 악하고 이기적이며 부족하고 연약한 자들입니까? 우리는 의지도 박약(薄弱)하기 그지없는 자들입니다. 작심삼일(作心三日)이라는 말이 있지 않습니까? 저도 작심삼일인 각오를 많이 해 보았습니다. 자기에게 잘못된 습벽(習癖)이 있어서 작심을 하고 그것을 고쳐보려고 해도 사흘도 못 가서 결심한 것이 무너져 내리는 존재가 바로 우리들입니다. 그런데 주님께서는 우리가 본래 그런 자들인 줄을 다 아시면서도, 그것을 문제 삼지 않고 끝까지 우리의 연약함을 체휼하셨습니다. 주님은 우리의 모든 죄와 허물뿐만 아니라 우리의 모든 연약함과 부족함도 당신께서 받으신 요단강의 세례로 다 담당하셔서 십자가에서 깨끗이 없애 주셨습니다. 주님께서는 하늘의 대제사장으로 이 땅에 오셔서 우리들에게 완전한 구원을 베풀어 주셨습니다. 하늘 성소의 대제사장이신 예수님께서 우리를 체휼하신 그 큰 사랑으로 우리를 덮어 주셨기 때문에, 우리는 죄 사함의 은혜를 입고 하나님의 보좌 앞에 담대히 나아갈 수 있게 되었습니다.

우리를 다시 일으키시는 주님

예수님을 배반했던 베드로와 다른 제자들은 후일에 부활하신 주님을 만났습니다. 그들은 부활하신 주님을 뵙고 잠시 기뻐했지만, 자신들이 주님을 배반했던 사실에 주눅이 들어서 주님 앞에서 고개를 들지 못했습니다. "주님께서 우리 같은 것들을 다시 거둬 주시겠나?" 하는 자괴감에 그들은 스스로 낙담이 되어 있었습니다. 베드로가 낙심이 되어 "나는 물고기 잡으러 가노라"(요 21:3) 하고 말하자 다른 제자들도 다시 갈릴리 호수로 돌아가서 빈 그물질만 하고 있었습니다. 그들은 고기를 잡는 데에는 별로 관심이 없었습니다. 다만 지난 3년여의 세월 동안 주님과 지냈던 나날들을 회상하며 그들은 밤새 헛되이 빈 그물질을 하고 있었습니다. 그렇게 빈 그물질을 하던 새벽녘이었습니다. 주님께서 어스름한 호숫가에 오셔서 허망한 마음으로 밤새 빈 그물질을 하던 제자들을 부르셨습니다.

"얘들아 너희에게 고기가 있느냐?"
"없나이다."
"그물을 배 오른편에 던지라 그리하면 얻으리라"(요 21:5-6).

제자들은 무심코 배 오른편에 그물을 던졌습니다. 그런데 그물을 들 수 없을 정도로 많은 물고기가 잡혔습니다. 베드로(요나의 아들 시몬)는 자기가 주님을 처음 만났을 때의 기억이 문득 떠올랐습니다. 그날에도 시몬은 밤새 그물질을 하고도 고기를 잡지 못했는데, 주님께서 자기의 배를 빌려 그 배 위에서 호숫가에 선 무리에게 말씀을 전하신 후에, 시몬에게 **"깊은 데로 가서 그물을 내려 고기를 잡으라"**(눅 5:4)고 말씀하셨습니다. 시몬은 갈릴리 호수에서 잔뼈가 굵은 어부였습니다. 그 호수에 대해서는 시몬보다 더 잘 아는 사람이 없었습니다. 그래서 시몬은 **"선생이여 우리들이 밤이 맞도록 수고를 하였으되 얻은 것이 없지마는 말씀에 의지하여 내가 그물을 내리리이다"** 하고 그물을 던졌습니다. 그랬더니 심히 많은 고기가 잡혀서 그물이 찢어질 지경이었습니다.

베드로는 자기들에게 말씀하시는 이가 주님이신 것을 직감하고 벗어 놓았던 겉옷을 두르고 바다로 뛰어들어 주님께로 헤엄쳐서 갔습니다. 겉옷은 아담에게 입혀 주신 **"가죽옷"**처럼, 예수님께서 만들어 주신 **"하나님의 의"**를 상징합니다. 낙담되어서 주님의 복음마저도 마음에서 내려놓고 있었던 베드로가 다시 복음의 의를 힘입고 예수님께로 나아갔습니다. 그때에 예수님을 세 번이나 부인했던 그 베드로에게 주님은 말씀하셨습니다.

"요한의 아들 시몬아 네가 이 사람들보다 나를 더 사랑하느냐?"
"그러하외다 내가 주를 사랑하는줄 주께서 아시나이다."
"내 어린 양을 먹이라."
"요한의 아들 시몬아 네가 나를 사랑하느냐?"
"주여 그러하외다 내가 주를 사랑하는줄 주께서 아시나이다."
"내 양을 치라."
"요한의 아들 시몬아 네가 나를 사랑하느냐?"

주께서 세 번째로 **"네가 나를 사랑하느냐?"**라고 물으시자 베드로는 근심하여 **"주여 모든 것을 아시오매 내가 주를 사랑하는 줄을 주께서 아시나이다"** 하고 대답합니다. 예수님께서는 베드로에게 **"내 양을 먹이라"**라고 당부하셨습니다(요 21:15-17).

"누가 주의 마음을 알았느뇨?"

당신을 세 번 부인한 베드로를 주님께서는 세 번 다시 부르셔서 당신의 사랑을 보이시고 일으켜 주셔서 끝내 사람을 낚는 어부로, 또 당신의 양 무리를 치는 목자로 세워 주셨습니다. 베드로는 예수님께서 예언하신 대로 주님을 세 번 부인했습니다. 베드로가 세 번째로 **"저주하며 맹세하여"** 주님을 부인했을 때에 닭이 울었습니다. 그는 자기의 비참한 모습을 깨닫고 대제사장의 집에서 황급히 도망쳐 나와서 심히 통곡(痛哭)했습니다. 왜 그는 심히 통곡했습니까? 그는 자기의 꼬락서니를 제대로 몰랐기 때문입니다. 자기는 절대로 그럴 수 없다고 믿었었는데, 엄청난 일을 저지르고 나면 한탄과 후회가 덮쳐 와서 통곡을 하게 됩니다. 그러나 자기가 얼마나 비참하고 비굴한 존재인지를 아는 사람은 아예 "내가 죽을지언정 주님을 떠나지 않겠나이다"라는 흰소리를 입 밖으로 내지도 않습니다.

우리는 참으로 비루한 자들입니다. 우리는 자기 목숨을 위해서 무슨 짓이라도 서슴없이 하는 자들입니다. **"우리는 미쁨이 없을찌라도 주는 일향 미쁘시니 자기를 부인하실 수 없으시리라"**(딤후 2:13)는 말씀대로 우리는 신실함이 전혀 없는 자들입니다. 그러나 주님께서는 우리에게 한결같이 미쁘십니다. 우리에게는 주님의 사랑을 받을 만한 구석이 눈곱만큼도 없습니다만, 주님은 우리를 모든 죄와 허물에서 구원하시려고 당신의 생명까지 아낌없이 내어 주셨습니다.

"누가 주의 마음을 알았느뇨 누가 그의 모사가 되었느뇨 누가 주께 먼저 드려서 갚으심을 받겠느뇨 이는 만물이 주에게서 나오고 주로 말미암고 주에게로 돌아감이라 영광이 그에게 세세에 있으리로다 아멘"(롬 11:34-36).

주님의 마음을 헤아려 아는 자는 참으로 드뭅니다. 우리도 주의 마음을 안다고 말은 하지만, 실제로는 자기의 욕망에만 마음을 두고 있는 자들입니다. 주님의 모사(謀士, counselor)가 되어서 주님과 마음을 연합해서 주님의 일을 하는 자는 참으로 희귀합니다. 우리 중에 어느 누가 먼저 주님께 드릴 만한 것을 가지고 있습니까? 전혀 없습니다. 오직 모든 은총과 은사들은 주님께서 우리에게 거저 주시는 선물입니다. 주님께서 우리에게 베풀어 주신 충만한 은혜를 입어서 우리가 그 은혜로 주님을 따라가기도 하고 주님의 말씀을 준행하기도 하는 것뿐이지, 우리에게는 주님께 먼저 드릴 만한 것이 전혀 없습니다.

주님은 우리의 연약함을 체휼하시는 하나님입니다. 베드로와 같이 주님을 부인했던 우리들을 찾아오셔서 진리의 말씀으로 다시 일으켜 세우시는 주님께 감사를 드립니다. 우리는 미쁨이 없을지라도 우리를 향해서 일향(一向, 한결같이) 미쁘신 주님을 찬양합니다. 할렐루야!

말씀을 마쳤습니다.

하나님의 의를 온전히 이루신 예수님

"새벽에 모든 대제사장과 백성의 장로들이 예수를 죽이려고 함께 의논하고

결박하여 끌고 가서 총독 빌라도에게 넘겨주니라

때에 예수를 판 유다가 그의 정죄됨을 보고 스스로 뉘우쳐 그 은 삼십을 대제사장들과 장로들에게 도로 갖다 주며

가로되 내가 무죄한 피를 팔고 죄를 범하였도다 하니 저희가 가로되 그것이 우리에게 무슨 상관이 있느냐 네가 당하라 하거늘

유다가 은을 성소에 던져 넣고 물러가서 스스로 목매어 죽은지라

대제사장들이 그 은을 거두며 가로되 이것은 피 값이라 성전고에 넣어 둠이 옳지 않다 하고

의논한 후 이것으로 토기장이의 밭을 사서 나그네의 묘지를 삼았으니

그러므로 오늘날까지 그 밭을 피밭이라 일컫느니라

이에 선지자 예레미야로 하신 말씀이 이루었나니 일렀으되 저희가 그 정가 된 자 곧 이스라엘 자손 중에서 정가한 자의 가격 곧 은 삼십을 가지고

토기장이의 밭 값으로 주었으니 이는 주께서 내게 명하신 바와 같으니라 하였더라

예수께서 총독 앞에 섰으매 총독이 물어 가로되 네가 유대인의 왕이냐 예수께서 대답하시되 네 말이 옳도다 하시고

대제사장들과 장로들에게 고소를 당하되 아무 대답도 아니하시는지라

이에 빌라도가 이르되 저희가 너를 쳐서 얼마나 많은 것으로 증거하는지 듣지 못하느냐 하되

한마디도 대답지 아니하시니 총독이 심히 기이히 여기더라

명절을 당하면 총독이 무리의 소원대로 죄수 하나를 놓아 주는 전례가 있더니

그 때에 바라바 하는 유명한 죄수가 있는데

저희가 모였을 때에 빌라도가 물어 가로되 너희는 내가 누구를 너희에게 놓아 주기를 원하느냐 바라바냐 그리스도라 하는 예수냐 하니

이는 저가 그들의 시기로 예수를 넘겨준 줄 앎이러라

총독이 재판 자리에 앉았을 때에 그 아내가 사람을 보내어 가로되 저 옳은 사람에게 아무 상관도 하지 마옵소서 오늘 꿈에 내가 그 사람을 인하여 애를 많이 썼나이다 하더라

대제사장들과 장로들이 무리를 권하여 바라바를 달라 하게 하고 예수를 멸하자 하게 하였더니

총독이 대답하여 가로되 둘 중에 누구를 너희에게 놓아 주기를 원하느냐 가로되 바라바로소이다

빌라도가 가로되 그러면 그리스도라 하는 예수를 내가 어떻게 하랴 저희가 다 가로되 십자가에 못 박혀야 하겠나이다

빌라도가 가로되 어찜이뇨 무슨 악한 일을 하였느냐 저희가 더욱 소리질러 가로되 십자가에 못 박혀야 하겠나이다 하는지라

빌라도가 아무 효험도 없이 도리어 민란이 나려는 것을 보고 물을 가져다가 무리 앞에서 손을 씻으며 가로되 이 사람의 피에 대하여 나는 무죄하니 너희가 당하라

백성이 다 대답하여 가로되 그 피를 우리와 우리 자손에게 돌

릴찌어다 하거늘

이에 바라바는 저희에게 놓아주고 예수는 채찍질하고 십자가에 못 박히게 넘겨주니라

이에 총독의 군병들이 예수를 데리고 관정 안으로 들어가서 온 군대를 그에게로 모으고

그의 옷을 벗기고 홍포를 입히며

가시 면류관을 엮어 그 머리에 씌우고 갈대를 그 오른손에 들리고 그 앞에서 무릎을 꿇고 희롱하여 가로되 유대인의 왕이여 평안할찌어다 하며

그에게 침 뱉고 갈대를 빼앗아 그의 머리를 치더라

희롱을 다한 후 홍포를 벗기고 도로 그의 옷을 입혀 십자가에 못 박으려고 끌고 나가니라

나가다가 시몬이란 구레네 사람을 만나매 그를 억지로 같이 가게 하여 예수의 십자가를 지웠더라

골고다 즉 해골의 곳이라는 곳에 이르러

쓸개탄 포도주를 예수께 주어 마시게 하려 하였더니 예수께서 맛보시고 마시고자 아니 하시더라

저희가 예수를 십자가에 못 박은 후에 그 옷을 제비 뽑아 나누고

거기 앉아 지키더라

그 머리 위에 이는 유대인의 왕 예수라 쓴 죄패를 붙였더라

이때에 예수와 함께 강도 둘이 십자가에 못 박히니 하나는 우편에, 하나는 좌편에 있더라

지나가는 자들은 자기 머리를 흔들며 예수를 모욕하여

가로되 성전을 헐고 사흘에 짓는 자여 네가 만일 하나님의 아

들이어든 자기를 구원하고 십자가에서 내려오라 하며

 그와 같이 대제사장들도 서기관들과 장로들과 함께 희롱하여 가로되

 저가 남은 구원하였으되 자기는 구원할 수 없도다 저가 이스라엘의 왕이로다 지금 십자가에서 내려올찌어다 그러면 우리가 믿겠노라

 저가 하나님을 신뢰하니 하나님이 저를 기뻐하시면 이제 구원하실찌라 제 말이 나는 하나님의 아들이라 하였도다 하며

 함께 십자가에 못 박힌 강도들도 이와 같이 욕하더라

 제 육시로부터 온 땅에 어두움이 임하여 제 구시까지 계속하더니

 제 구시 즈음에 예수께서 크게 소리질러 가라사대 엘리 엘리 라마 사박다니 하시니 이는 곧 나의 하나님, 나의 하나님, 어찌하여 나를 버리셨나이까 하는 뜻이라

 거기 섰던 자 중 어떤이들이 듣고 가로되 이 사람이 엘리야를 부른다 하고

 그 중에 한 사람이 곧 달려가서 해융을 가지고 신 포도주를 머금게 하여 갈대에 꿰어 마시우거늘

 그 남은 사람들이 가로되 가만 두어라 엘리야가 와서 저를 구원하나 보자 하더라

 예수께서 다시 크게 소리지르시고 영혼이 떠나시다

 이에 성소 휘장이 위로부터 아래까지 찢어져 둘이 되고 땅이 진동하며 바위가 터지고

 무덤들이 열리며 자던 성도의 몸이 많이 일어나되

 예수의 부활 후에 저희가 무덤에서 나와서 거룩한 성에 들어가

많은 사람에게 보이니라

　백부장과 및 함께 예수를 지키던 자들이 지진과 그 되는 일들을 보고 심히 두려워하여 가로되 이는 진실로 하나님의 아들이었도다 하더라

　예수를 섬기며 갈릴리에서부터 좇아온 많은 여자가 거기 있어 멀리서 바라보고 있으니

　그 중에 막달라 마리아와 또 야고보와 요셉의 어머니 마리아와 또 세베대의 아들들의 어머니도 있더라

　저물었을 때에 아리마대 부자 요셉이라 하는 사람이 왔으니 그도 예수의 제자라

　빌라도에게 가서 예수의 시체를 달라 하니 이에 빌라도가 내어 주라 분부하거늘

　요셉이 시체를 가져다가 정한 세마포로 싸서

　바위 속에 판 자기 새 무덤에 넣어 두고 큰 돌을 굴려 무덤 문에 놓고 가니

　거기 막달라 마리아와 다른 마리아가 무덤을 향하여 앉았더라

　그 이튿날은 예비일 다음 날이라 대제사장들과 바리새인들이 함께 빌라도에게 모여 가로되

　주여 저 유혹하던 자가 살았을 때에 말하되 내가 사흘 후에 다시 살아나리라 한 것을 우리가 기억하노니

　그러므로 분부하여 그 무덤을 사흘까지 굳게 지키게 하소서 그의 제자들이 와서 시체를 도적질하여 가고 백성에게 말하되 그가 죽은 자 가운데서 살아났다 하면 후의 유혹이 전보다 더 될까 하나이다 하니

　빌라도가 가로되 너희에게 파수꾼이 있으니 가서 힘대로 굳게

하라 하거늘

저희가 파수꾼과 함께 가서 돌을 인봉하고 무덤을 굳게 하니라"(마 27:1-66).

십자가는 예수님께서 받으신 세례의 필연적 결과입니다

예수님은 모든 인류를 죄에서 구원하러 오신 하나님의 아들입니다. 예수님께서 인류를 구원하시는 사역을 시작하시면서 제일 처음 만난 사람이 세례 요한입니다. 세례 요한은 예수님께로부터 **"여자가 낳은 자 중에 세례 요한보다 큰이가 일어남이 없도다"**(마 11:11)라는 증거를 받은 하나님의 종입니다. 이 말씀은 세례 요한이 인류의 대표자라는 뜻입니다. 또한 그는 대제사장 아론의 후손입니다(눅 1:5). 아론은 아사셀 염소의 머리에 안수(按手)함으로써 이스라엘 백성 전체의 1년 치 죄를 단번에 그 염소에게 넘겼던 하나님의 종입니다(레 16:20-22). 하나님의 어린양으로 오신 예수님께서는 인류의 대표자인 세례 요한에게 안수의 형식으로 세례를 받으셨습니다. 아담에서부터 세상 종말까지의 모든 사람들의 죄와 허물을 당신의 육체 위로 넘겨받았던 예수님의 **"그 세례"**(the Baptism, 행 10:37)로 저와 여러분들의 모든 죄가 단번에 예수님께로 넘어갔습니다.

예수님께서는 받으신 **"그 세례"**로 **"세상 죄를 지고 가는 하나님의 어린양"**(요 1:29)이 되셨습니다. 예수님께서 십자가에 못 박혀 돌아가신 것은 받으신 **"그 세례"**의 필연적 결과입니다. 예수님이 **"그 세례"**를 받지 않으셨다면 주님께서 십자가에 돌아가신 사실이 우리의 구원과는 아무 상관이 없습니다. 예수님께서 인류의 대표자이며 아론의 후손인 세례 요한에게 받으신 **"그 세례"**로 말미암아, 주님의 십자가의 보혈이 우리의 모든 죄를 깨끗이 대속하셨고 주님의 부활이 우리의 부활이 되었습니다.

당신을 거역한 자들을 용납하신 예수님

"그가 곤욕을 당하여 괴로울 때에도 그 입을 열지 아니하였음이여 마치 도수장으로 끌려가는 어린 양과 털 깎는 자 앞에 잠잠한 양 같이 그 입을 열지 아니하였도다"(사 53:7)—이 예언의 말씀대로 예수님은 그토록 끔찍한 십자가의 길을 홀로 묵묵히 가셨습니다. 예수님은 창조주 하나님입니다. 그런데 당신이 창조한 피조물들에게 말로 다할 수 없는 능욕과 고통을 받으셨습니다. 어떤 자는 예수님의 얼굴에 침을 뱉고 손으로 주님의 뺨을 때렸습니다. 예수님께서는 벌거벗겨져서 채찍질을 당하셨습니다. 그 당시의 채찍은 가죽 줄 끝에 날카로운 쇳조각이 붙어 있었습니다. 그것으로 채찍질을 하면 가죽끈이 몸에 착 감기면서 그 끝의 쇳조각이 몸에 박혔습니다. 그리고 채찍을 당기면 살점이 마구 뜯겨나갔습니다. 어떤 자들은 가시로 왕관을 엮어서 예수님의 머리에 씌우고 갈대로 그 가시관을 때리면서 "유대인의 왕이여!" 하고 조롱했습니다.

그러나 예수님께서는 그 모든 모멸과 고통을 잠잠히 받아 주셨습니다. 예수님은 온 우주를 말씀으로 지으신 창조주 하나님인데, 그분은 먼지만도 못한 저와 여러분들이 감히 범접할 수 없는 성자(聖子) 하나님인데, 우리를 죄에서 구원하셔서 당신의 가족을 삼아 영생의 천국에서 함께 복락을 누리게 하기 위해서 털 깎는 자의 손에 맡겨진 어린양처럼 묵묵히 죽음의 길을 걸어가셨습니다. 주님은 그 당시에 예수님을 십자가에 못 박으라고 외쳤던 자들의 죄를 위해서도 돌아가셨는데, 그들은 빌라도 총독에게 예수님을 십자가에 못 박고 그 대신 흉악범인 바라바를 석방시켜 달라고 외쳤습니다. 주님은 받으신 세례로 그렇게 당신을 거역한 자들의 죄도 담당하셨고, 그들의 죄까지도 십자가의 보혈로 깨끗이 대속(代贖)해 주셨습니다.

주님께서는 아버지의 뜻을 이루어 드리기 위해서 그 모든 능욕과 죽음의 고통을 감내(堪耐)하셨습니다. 주님께서는 당신이 하나님 아버지의 뜻을 완수하면 아버지께서 당신을 부활시켜서 영광의 하늘 보좌에 다시 앉히실 것을 바라보시면서 십자가의 능욕과 고통을 참으셨습니다. 그래서 성경은 **"이러므로 우리에게 구름같이 둘러싼 허다한 증인들이 있으니 모든 무거운 것과 얽매이기 쉬운 죄를 벗어 버리고 인내로써 우리 앞에 당한 경주를 경주하며 믿음의 주요 또 온전케 하시는 이인 예수를 바라보자 저는 그 앞에 있는 즐거움을 위하여 십자가를 참으사 부끄러움을 개의치 아니하시더니 하나님 보좌 우편에 앉으셨느니라 너희가 피곤하여 낙심치 않기 위하여 죄인들의 이같이 자기에게 거역한 일을 참으신 자를 생각하라"**(히 12:1-3)고 말씀합니다.

예수님은 대제사장에게 잡히셔서 고초를 겪고 로마 총독 빌라도에게 넘겨졌습니다. 당시의 이스라엘은 로마 제국의 식민지였기에, 사형을 언도하고 집행할 권한은 로마 총독에게만 있었습니다. 이스라엘 백성의 최대 명절인 유월절에는 로마 총독이 죄인 하나를 사면하는 전통이 있었는데, 총독의 부인이 자기에게 사람을 보내어 **"저 옳은 사람에게 아무 상관도 하지 마옵소서 오늘 꿈에 내**

가 그 사람을 인하여 애를 많이 썼나이다"라고 전하자, 빌라도 총독은 예수님을 놓아주려 했습니다. 그러나 이스라엘 백성들은 예수님 대신에 바라바를 놓아주고 예수님은 십자가에 못 박으라고 한 목소리로 외쳤습니다. 빌라도는 하는 수 없이 물을 떠오라고 명하고 백성들이 보는 앞에서 손을 씻으면서, **"이 사람의 피에 대하여 나는 무죄하니 너희가 당하라"**(마 27:24)고 말했습니다. 그러자 백성들은 **"그 피를 우리와 우리 자손에게 돌릴찌어다"**(마 27:25) 하고 일제히 외쳤습니다.

    이스라엘 백성들은 자기들을 위해서 생명을 내어놓으신 예수님을 거역하고 예수님을 십자가에 못 박아 죽이는 데에 찬동했습니다. 그리고 만일 이 일에 자기들의 잘못이 있다면 자기들과 자기들의 후손들이 그 죗값을 치르겠다고 큰소리를 쳤습니다. 그런데 하나님께서는 그들이 호언(豪言)한 대로 온전히 갚아 주셨습니다. 예수님이 돌아가시고 나서 40년 정도 지난 후에 이스라엘 민족은 로마제국에 대항해서 반란을 일으켰다가 로마 장군 티투스에 의해 완전히 짓밟힙니다. 그로 인하여 예루살렘 성전은 주님께서 예언하신 말씀대로 **"돌 하나도 돌 위에 남지 않고"**(마 24:2) 다 무너지고 지금은 그 자리에 모슬렘 성전이 우뚝 섰습니다. 수많은 이스라엘 백성들이 포로로 잡혀서 로마인들의 노예가 되었고 로마제국은 이스라엘 백성들을 흩어서 그들은 본토를 떠나야 했습니다. 그 후로 수많은 이스라엘 백성들은 나라를 잃고 유랑하거나 타국에서 디아스포라(Diaspora)를 형성하고 살아야 했습니다. 2차 대전이 터지자 600만 명이 넘는 유대인들이 독일의 히틀러에 의해서 학살을 당했습니다. **"너는 나를 인 같이 마음에 품고 도장 같이 팔에 두라 사랑은 죽음 같이 강하고 투기는 음부 같이 잔혹하며 불 같이 일어**

나니 그 기세가 여호와의 불과 같으니라"(아 8:6)—하나님의 자비는 하해(河海)와 같지만, 하나님은 당신의 무조건적인 사랑을 끝까지 거부하는 자들에게는 반드시 진노의 심판을 내리십니다.

"다 이루었다"라고 크게 외치시고 돌아가신 예수님

예수님은 여섯 시간 동안 십자가에 달려 있었습니다. 제삼시(오전 9시)에 못 박혀서 제구시(오후 3시)에 돌아가셨습니다. 예수님께서 절규하시며 피를 흘리셨던 여섯 시간 중에, 후반의 세 시간 동안은 하늘마저도 깜깜했습니다. 하나님 아버지께서도 당신의 아들의 죽음을 외면하셨기 때문입니다. 제구시(오후 3시)가 되매 주님은 "엘리 엘리 라마 사박타니"(하나님이여 하나님이여 어찌하여 나를 버리시나이까!) 하고 외치셨습니다. 그리고 "다시 크게 소리 지르시고"(마 27:50) 주님께서는 마침내 돌아가셨습니다.

이때에 예수님께서 "마지막으로 크게" 소리지르신 내용은 "다 이루었다"(요 19:30)입니다. 이제 예수님께서 하나님 아버지의 뜻을 좇아서 육신을 입고 이 땅에 오셔서 행하신 인류의 구원사역을 "다 이루었다"라고 선포하신 것입니다. 예수님은 근본 하나님입니다. 죄를 알지도 못하시는 성자(聖子) 하나님께서 처녀 마리아의 몸에서 육신을 입고 태어나셨으니, 예수님은 전 인류의 죄를 대속할 흠 없는 제물이었습니다. 하나님의 어린양으로 오신 예수님께서는 요단강에서 인류의 대표자인 세례 요한에게 안수의 형식으로 세례를 받으셔서 우리 인류의 모든 죄를 단번에 담당하셨습니다. "이제 허락하라 우리가 이와 같이 하여 모든 의를 이루는 것이 합당하니라"(마 3:15)는 주님의 명령에 순종함으로써, 세례 요한은 예수님에게 세례를 베풀었습니다. 인류의 대표자인 세례 요한에게 받으신 **"그 세례"**(the Baptism)로 예수님은 **"세상 죄를 지고 가는 하나님의 어린양"**(요 1:29)이 되셨습니다.

예수님께서 세상 죄를 당신의 육체에 담당하고 어디로 가셨습니까? 예수님께서는 십자가로 가셔서 못 박히셨습니다. 예수님께서는 마지막으로 **"다 이루었다"**라고 크게 외치시고 돌아가셨습니다. **"그가 자기 영혼의 수고한 것을 보고 만족히 여길 것이라"**(사 53:11)—그때에 주님의 육신은 말할 수 없는 고통 가운데 있었지만 주님의 영혼은 크게 기뻐하셨습니다. 주님께서 **"다 이루었다"**라고 크게 외치신 그 순간에 **"성소 휘장이 위로부터 아래까지 찢어져 둘이"**(마 27:51) 되었습니다. 예루살렘 성전의 성소(聖所, the Holy Place)와 지성소(至聖所, the Most Holy Place) 사이에는 큰 휘장이 드리워져 있었습니다. 그 휘장은 청색, 자색, 홍색실과 가는 베실로 화려하게 짠 카펫인데, 그 휘장은 말 네 마리가 사방을 당겨도 찢어지지 않을 정도로 견고했습니다.

누구든지 그 휘장을 지나가야만 하나님께서 임재(臨在)하시는 지성소에 들어갈 수 있었습니다. 그리고 대제사장 외에는 아무도 지성소에는 들어갈 수 없었습니다. 오직 대제사장만이 그것도 일 년에 단 한 번, 즉 대속죄일(大贖罪日)에만 지성소에 들어갈 수 있었습니다. 그때에도 대제사장은 성소와 지성소를 향연으로 가득 채워서 앞이 보이지 않게 하고, 수송아지와 염소의 피를 들고서야 그 곳에 들어갈 수 있었습니다. 그토록 하나님은 죄인을 반드시 심판하시는 두려운 분이기에 죄 사함을 받지 않은 죄인들은 감히 지성소에 들어갈 수 없었습니다. 그런데 이제는 지성소 앞을 가로막고 있었던 휘장이 쫙 찢어졌고 지성소로 들어가는 길이 활짝 열렸습니다. 예수님께서 **"다 이루었다"**라고 선포하심으로 이제는 주님의 구원의 역사를 믿는 사람은 누구든지 하나님의 보좌 앞에 담대히 나아갈 수 있게 되었습니다.

이제 천국 문은 활짝 열렸습니다

"그러므로 형제들아 우리가 예수의 피를 힘입어 성소에 들어갈 담력을 얻었나니 그 길은 우리를 위하여 휘장 가운데로 열어 놓으신 새롭고 산 길이요 휘장은 곧 저의 육체니라"(히 10:19-20). 예수님께서 육체를 입고 오셔서 전 인류의 죄를 대속하는 흠 없는 제물이 되어 주셨습니다. 예수님은 세례로 당신의 육체에 인류의 모든 죄를 담당하셨고, 십자가에서 **"다 이루었다"**라고 선포하시기까지 피를 흘려 주셨기에 이제는 누구든지 예수님께서 **"물과 피로 임"**(요일 5:6)하신 하나님의 아들이라고 믿는 자는 하나님 보좌 앞에 담대히 나아가게 되었습니다.

여기 **"예수의 피를 힘입어"**라고 기록되었다고 해서, "우리는 예수님의 피만 믿으면 된다"라고 고집을 부리는 자들이 많습니다. 예수님의 피만을 믿고서도 마음의 죄가 흰 눈같이 씻어집니까? 예수님의 피는 예수님께서 받으신 **"그 세례"**의 필연적 결과입니다. **"예수의 피를 힘입어"**라는 말씀이 기록된 히브리서 10장의 말씀을 자세히 상고해 보십시오. 예수 그리스도께서 하나님의 아들로서 육신을 입고 이 땅에 오셔서 우리의 죄를 대속하시려고 당신의 몸을 **"한 영원한 제사"**(히 10:12)로 드렸다고 기록되어 있습니다. 구약성경에 기록된 대속(代贖)의 속죄제사는 반드시 세 가지 필수요소, 즉 1) 흠 없는 제물, 2) 안수(按手, 죄를 넘김), 3) 피 흘림(제물의 죽음)으로 이루어졌습니다. 그러니 예수님께서 안수의 형식으로 받으신 세례가 없이 예수님의 피만으로 어떻게 **"한 영원한 제사"**(히 10:12)가 드려질 수 있었겠습니까? 만일 구약의 속죄제사를 드리면서 흠 없는 제물에 안수를 하지 않은 채로 바로 목을 따서 그 피로 제사를 드렸다면, 그 제사는 불법(不法) 제사입니다. 따라서 예수님께서 받으신 **"그 세례"**를 빼버리고 십자가의 피만으로 예수님을 믿는 사람은 그가 아무리 "주여, 주여" 하며 믿는 척을 했을지라도 **"불법을 행하는 자"**에 불과합니다. 주님은 그런 자들에게 **"내가 너희를 도무지 알지 못하니 불법을 행하는 자들아 내게서 떠나가라"**(마 7:23)고 판결하십니다. 그러므로 **"예수의 피를 힘입어"**라고 기록된 말씀만 보고, "예수의 피만 믿어도 얼마든지 죄 사함을 받고 구원을 받을 수 있다"라고 주장하며 그렇게 믿는 이들은 반드시 하나님의 준엄한 심판이 자기 위에 임할 줄 알아야 합니다.

"주도 하나이요 믿음도 하나이요 세례도 하나이요 하나님도 하나이시니 곧 만유의 아버지시라 만유 위에 계시고 만유를 통일하시고 만유 가운데 계시도다"(엡 4:5-6)라고 성경은 말씀합니다. 예수님께서 받으신 세례와 우리 거듭난 의인들이 믿음으로 받는 세례는 하나입니다. 성경은 예수님께서 받으신 **"그 세례"**가 우리의 **"구원의 표"**라고 말씀합니다: "물은 예수 그리스도의 부활하심으로 말미암아 이제 너희를 구원하는 표니 곧 세례라 육체의 더러운 것을 제하여 버림이 아니요 오직 선한 양심이 하나님을 향하여 찾아가는 것이라"(벧전 3:21).

"우리에게 있는 대제사장은 우리 연약함을 체휼하지 아니하는 자가 아니요 모든 일에 우리와 한결같이 시험을 받은 자로되 죄는 없으시니라 그러므로 우리가 긍휼하심을 받고 때를 따라 돕는 은혜를 얻기 위하여 은혜의 보좌 앞에 담대히 나아갈 것이니라"(히 4:15-16).

예수님께서는 우리가 연약해서 죽을 때까지 죄를 지을 수밖에 없는 자들인 것을 아셨기에, 우리의 연약함을 체휼(體恤)하시고 **"물과 피로 임"**(요일 5:6)하셔서 우리를 모든 죄에서 단번에 구원하셨습니다. 그래서 이제는 우리가 하나님의 은혜의 보좌 앞에 담대히 나갈 수 있게 되었습니다. 예수님께서 **"다 이루었다"**라고 외치시는 순간에 지성소 앞을 가로막았던 휘장이 큰 폭으로 찢어져 내렸습니다. 그리고 모든 인류에게 천국의 문이 활짝 열렸습니다.

"세례 요한의 때부터 지금까지 천국은 침노를 당하나니 침노하는 자는 빼앗느니라"(마 11:12).

세례 요한이 예수님의 머리에 안수의 형식으로 베푼 **"그 세례"**로 말미암아 우리의 모든 죄와 허물이 예수님께로 단번에 넘어갔습니다. 주님은 **"물로만 아니요 물과 피로 임"**(요일 5:6)하신 구원자(Savior)입니다. 이제 **"물과 피의 복음"**을 믿는 자는 하나님의 보좌 앞에 담대하게 나아갈 수 있게 되었습니다. 누구든지 **"물과 피의 복음"**을 믿는 자는 담대하게 열린 천국 문 안으로 뛰어들어가 천국의 주인이 될 수 있습니다. 영어성경(King James Version)에는 이 부분이, **"세례 요한의 때부터 지금까지 천국은 폭행을 당하나니, 폭도들은 힘으로 천국을 빼앗느니라"**(And from the days of John the Baptist until now the kingdom of heaven suffereth violence, and the violent take it by force. KJV)고 번역되어 있습니다. 힘센 사람은 어떤 것이든지 힘으로 빼앗습니다. 우리의 믿음은 모든 것을 파하는 강력한 힘이 있습니다. 우리의 믿음에는 천국을 차지할 수 있는 놀라운 능력이 있다는 말씀입니다. 주님께서 **"다 이루었다"**(요 19:30)라고 외치신 순간에 지성소 앞을 가로막고 있었던 휘장이 큰 폭으로 찢어졌으니, 이제는 우리는 열린 천국 문을 믿음으로 뛰어들어가서 하나님 보좌 앞에 담대히 나아갈 수 있게 되었습니다.

우리의 마음에 쭈뼛거릴 것이 조금도 없습니다. "정말 하나님께서 나를 구원하셨을까? 내 마음에 정말 죄가 없어졌을까? 정말 내가 영생을 얻을 수 있을까?" 하는 의구심은 다 내다 버리십시오. **"육신의 생각은 사망이요 영의 생각은 생명과 평안이니라"(롬 8:6)** 고 말씀하셨습니다. 하나님의 말씀 앞에서 쭈뼛거리지 마십시오. 자기의 생각을 부인하고 영의 생각인 하나님의 말씀을 붙드는 것이 믿음입니다. 담대하게 하나님의 말씀을 붙들고 일어나서 열린 천국의 문 안으로 뛰어들어가십시오. 믿음으로 천국에 쳐들어가서 천국을 차지하십시오.

"우리가 아직 연약할 때에 기약대로 그리스도께서 경건치 않은 자를 위하여 죽으셨도다 의인을 위하여 죽는 자가 쉽지 않고 선인을 위하여 용감히 죽는 자가 혹 있거니와 우리가 아직 죄인 되었을 때에 그리스도께서 우리를 위하여 죽으심으로 하나님께서 우리에게 대한 자기의 사랑을 확증하셨느니라"(롬 5:6-8).

예수님께서는 당신께서 친히 창조하신 피조물들에게 그렇게 엄청난 능욕과 멸시를 당하시면서까지 묵묵히 십자가의 길을 가신 것은 우리를 그토록 사랑하시기 때문입니다. 밟아 죽여도 시원찮을 우리와 같은 자들을 구원하기 위해서 주님께서 묵묵히 죽음의 길을 가신 것을 생각하면, 저는 주님께 저절로 머리가 숙여지고 감사를 드리지 않을 수 없습니다. 주님은 당신께서 우리를 사랑하신 그 사랑을 우리가 알기를 바랍니다. **"보라 아버지께서 어떠한 사랑을 우리에게 주사 하나님의 자녀라 일컬음을 얻게 하셨는고, 우리가 그러하도다"**(요일 3:1). 하나님께서 우리의 죄를 대속하기 위한 속죄의 제물로 당신의 아들을 내어 주기까지 우리를 사랑하셨습니다.

주님께서 육신을 입고 **"물과 피로 임"**(요일 5:6)하셔서 우리를 모든 죄에서 구원하셨다는 이 진리의 원형복음(原形福音)을 우리는 한 점 한 획도 **빼거나** 더하지 말고 온전히 믿어야 합니다. 또한 그 **"어떠한 사랑"**을 입은 자라면 주님의 사랑에 감사하며 남은 때를 진리의 복음을 전파하며 믿음으로 사는 것이 합당합니다. 여러분 모두가 주님께서 우리를 불쌍히 여기셔서, 우리가 주님의 원수가 되었을 때에, 우리가 죄인이었을 때에, 우리를 죄에서 구원하시려고 세례를 받으시고 십자가에 못 박혀 돌아가셨다는 사실을 마음에 굳게 믿으시기를 바랍니다.

말씀을 마쳤습니다.

예수 부활의 목격자들

"안식일이 다하여가고 안식 후 첫날이 되려는 미명에 막달라 마리아와 다른 마리아가 무덤을 보려고 왔더니

큰 지진이 나며 주의 천사가 하늘로서 내려와 돌을 굴려 내고 그 위에 앉았는데

그 형상이 번개 같고 그 옷은 눈 같이 희거늘

수직하던 자들이 저를 무서워하여 떨며 죽은 사람과 같이 되었더라

천사가 여자들에게 일러 가로되 너희는 무서워 말라 십자가에 못 박히신 예수를 너희가 찾는 줄을 내가 아노라

그가 여기 계시지 않고 그의 말씀하시던 대로 살아나셨느니라 와서 그의 누우셨던 곳을 보라

또 빨리 가서 그의 제자들에게 이르되 그가 죽은 자 가운데서 살아나셨고 너희보다 먼저 갈릴리로 가시나니 거기서 너희가 뵈오리라 하라 보라 내가 너희에게 일렀느니라 하거늘

그 여자들이 무서움과 큰 기쁨으로 무덤을 빨리 떠나 제자들에게 알게 하려고 달음질할쌔

예수께서 저희를 만나 가라사대 평안하뇨 하시거늘 여자들이 나아가 그 발을 붙잡고 경배하니

이에 예수께서 가라사대 무서워 말라 가서 내 형제들에게 갈릴리로 가라 하라 거기서 나를 보리라 하시니라

여자들이 갈제 파수꾼 중 몇이 성에 들어가 모든 된 일을 대제사장들에게 고하니

그들이 장로들과 함께 모여 의논하고 군병들에게 돈을 많이 주

며

가로되 너희는 말하기를 그의 제자들이 밤에 와서 우리가 잘 때에 그를 도적질하여 갔다 하라

만일 이 말이 총독에게 들리면 우리가 권하여 너희로 근심되지 않게 하리라 하니

군병들이 돈을 받고 가르친 대로 하였으니 이 말이 오늘날까지 유대인 가운데 두루 퍼지니라"(마 28:1-15).

여러분은 예수님께서 부활하셨다고 믿습니까? 예수님께서는 사망의 권세를 이기고 부활하셨습니다. 그리고 부활하신 예수님을 만난 목격자들은 예수 부활의 증인이 되었습니다. 예수님의 부활은 예수님께서 우리를 구원하셨다는 사실의 최후 확증입니다. 예수님께서 부활하지 않으셨다면 우리의 구원이나 부활도 있을 수 없고, 예수님을 믿는 우리의 믿음도 헛것에 불과합니다. 예수님께서 사망의 권세를 이기고 부활하셨다는 확실한 증거들이 성경에 기록되어 있습니다. 그래서 예수님께서 부활하셨다는 확신을 가진 우리도 주님의 제자들이며 예수 부활의 목격자이자 증인이 되었습니다.

예수 부활의 의미와 능력

예수님의 부활이 우리에게 어떤 의미입니까? 예수님의 부활은 곧 우리의 부활입니다. 부활(復活)이란 "죽었던 자가 다시 살아나는 것"을 의미합니다. 예수님은 십자가 위에서 **"다 이루었다"**(요 19:30)라고 외치신 후에 돌아가셨습니다. 이로써 예수님의 육신의 생명은 끝이 났습니다. 예수님의 싸늘한 시신은 공회원(公會員)이

었던 아리마대 사람 부자(富者) 요셉의 동굴 묘지에 안치되었습니다.

안식 후 첫날이 되려는 새벽에, 막달라 마리아와 다른 마리아가 예수님의 시신이 안치된 무덤에 왔습니다. 그때에 큰 지진이 나며 천사가 내려와서 동굴 어귀를 막아 놓았던 큰 바위를 굴려 내고 그 바위 위에 앉았습니다. 무덤을 지키던 자들이 두려워서 사색(死色)이 되어 있었는데, 천사는 예수님께서 부활하셨다는 소식을 전하고 "부활하신 예수님께서 갈릴리로 가셨으니 속히 그리로 가서 주님을 뵙도록 하라"라며 다른 제자들에게도 이 사실을 전하라고 명했습니다. 두 여인은 큰 기쁨으로 제자들에게 달려가는 중에 부활하신 주님을 만났습니다. 여인들은 예수님의 발을 붙잡고 경배했고, 주님은 **"무서워 말라 가서 내 형제들에게 갈릴리로 가라 하라 거기서 나를 보리라"**(마 28:10)고 말씀하셨습니다. 여인들의 전갈을 받은 열한 제자는 예수님께서 명하신 산에 이르러 거기서 부활하신 주님을 만났습니다. 그 후에 그들은 예수 부활의 목격자이자 증인으로 복음을 담대하게 전파했습니다.

예수님과 함께 부활한 자들

성경은 예수님과 합하여 세례를 받은 자만이 예수님과 함께 장사되었고 또 예수님의 부활 안에서 새 생명으로 부활한다고 선포합니다.

"무릇 그리스도 예수와 합하여 세례를 받은 우리는 그의 죽으심과 합하여 세례 받은 줄을 알지 못하느뇨 그러므로 우리가 그의 죽으심과 합하여 세례를 받음으로 그와 함께 장사되었나니 이는 아버지의 영광으로 말미암아 그리스도를 죽은 자 가운데서 살리심과 같이 우리로 또한 새 생명 가운데서 행하게 하려 함이니라 만일 우리가 그의 죽으심을 본받아 연합한 자가 되었으면 또한 그의 부활을 본받아 연합한 자가 되리라"(롬 6:3-5).

예수님께서는 인류의 모든 죄를 담당하실 흠 없는 제물로 요단강에 오셔서 인류의 대표자인 세례 요한에게 안수의 형식으로 세례를 받으셨습니다. "그 세례"(행 10:37)로 우리의 모든 죄가 예수님께로 단번에 넘어갔습니다. 또한 "그 세례"는 우리의 죄의 사람, 즉 옛사람이 예수님 안으로 들어간 세례입니다. 『개역한글판 성경』에서 "그리스도 예수와 합하여 세례를 받은 우리"라는 부분이 영어성경(King James Version)에는 "그리스도 예수 안으로 세례를 받은 우리"(…we who were baptized into Christ Jesus.)라고 번역되어 있습니다. 예수님께서는 인류의 대표자인 세례 요한에게서 안수의 형식으로 세례를 받으셨는데, "그 세례"(행 10:37)는 전 인류의 옛사람이 예수님 안으로 들어가서 예수님과 하나가 된 세례입니다.

"그 세례"로 모든 인류의 옛사람이 예수님 안으로 들어가서 예수님과 하나가 되었기 때문에, 예수님께서 돌아가실 때에 우리의 옛사람도 예수님 안에서 주님과 함께 죽었습니다. 그리고 예수님께서 부활하실 때에 우리 또한 주 안에서 새 생명으로 부활했습니다. 어떤 이들이 예수님과 함께 새 생명으로 부활했습니까? 예수님의 세례를 온전히 믿어서 예수님 안에 들어간 자들입니다. 여러분이 예수님 세례를 믿지 않는다면 예수님의 죽으심과 부활이 여러분과는 아무 상관이 없습니다. 내가 예수님의 세례를 믿음으로 나의 옛사람이 예수님 안으로 들어갔기에 나의 옛사람은 예수님과 함께 죽었고, 이제는 주님의 부활 안에서 내가 새 생명으로 거듭나게 된 것입니다.

예수님의 세례에서 시작된 구원의 사역은 주님의 부활로 완성되었습니다. 우리 영혼의 부활이 바로 우리의 **"거듭남"**입니다. 예수님과 합하여 세례를 받은 우리에게 있어서, 죄의 노예가 되었던 우리의 **"옛사람"**은 주님과 합하여 죽었고, 이제 우리의 **"속사람"**은 예수님과 함께 새 생명으로 부활했습니다. 그러나 만일 우리가 예수님께서 받으신 세례의 능력을 믿지 않는다면 예수님의 죽으심이나 부활이 우리하고는 아무 상관이 없습니다. 예수님께서 받으신 세례의 능력을 믿느냐 믿지 않느냐가 우리의 구원을 결정하는 조건입니다. 그래서 사도 베드로도 **"물은 예수 그리스도의 부활하심으로 말미암아 이제 너희를 구원하는 표니 곧 세례라"**(벧전 3:21)고 선포했습니다.

우리를 "성경대로" 구원하신 주님

"형제들아 내가 너희에게 전한 복음을 너희로 알게 하노니 이는 너희가 받은 것이요 또 그 가운데 선 것이라 너희가 만일 나의 전한 그 말을 굳게 지키고 헛되이 믿지 아니하였으면 이로 말미암아 구원을 얻으리라 내가 받은 것을 먼저 너희에게 전하였노니 이는 성경대로 그리스도께서 우리 죄를 위하여 죽으시고 장사지낸 바 되었다가 성경대로 사흘 만에 다시 살아나사 게바에게 보이시고 후에 열두 제자에게와 그 후에 오백여 형제에게 일시에 보이셨나니 그 중에 지금까지 태반이나 살아 있고 어떤 이는 잠들었으며 그 후에 야고보에게 보이셨으며 그 후에 모든 사도에게와 맨 나중에 만삭되지 못하여 난 자 같은 내게도 보이셨느니라 나는 사도 중에 지극히 작은 자라 내가 하나님의 교회를 핍박하였으므로 사도라 칭함을 받기에 감당치 못할 자로라 그러나 나의 나 된 것은 하나님의 은혜로 된 것이니 내게 주신 그의 은혜가 헛되지 아니하여 내가 모든 사도보다 더 많이 수고하였으나 내가 아니요 오직 나와 함께 하신 하나님의 은혜로라 그러므로 내나 저희나 이같이 전파하매 너희도 이같이 믿었느니라"(고전 15:1-11).

사도 바울은 "그리스도께서 성경대로 우리 죄를 위하여 죽으셨고, 성경대로 부활하셨다"라는 복음을 전파했습니다. 이것이 사도 바울이나 다른 사도들(저희)이 모두 동일하게 전했던 복음의 핵심입니다. 사도들은 "그리스도께서 성경대로 우리 죄를 위하여 죽으셨다가 성경대로 다시 살아나셨다"라는 복음을 전했습니다. 사도행전을 읽어 보면, 사도들과 전도자들은 복음을 전할 때에 주님의 부활을 반드시 언급했습니다. 주님의 부활은 계약서에 도장을 찍는 것과 같은 능력이 있습니다. 아무리 계약서를 잘 작성했어도 만일 계약 당사자가 도장을 찍지 않았다면 그 계약서는 아무 효력이 없듯이, 예수님의 부활이 없었다면 우리의 구원은 무효가 됩니다. 그래서 사도 바울은 "그리스도께서 다시 사신 것이 없으면 너희의 믿음도 헛되고 너희가 여전히 죄 가운데 있을 것이요"(고전 15:17)라고 선포한 것입니다.

그런데 주님께서는 분명히 부활하셨습니다. 사도 바울이 고린도전서를 기록할 당시에는 부활하신 주님을 목격한 자들이 거의 살아 있었습니다. 그래서 "그 후에 오백여 형제에게 일시에 보이셨나니 그중에 지금까지 태반이나 살아 있고"(고전 15:6)라고 기록한 것입니다. 여기 "그중에 지금까지 태반이나 살아있고"라는 부분이 영어성경(NIV)에는 "그중에 거의 모든 사람이 살아있고"(most of whom are still living, NIV)라고 번역되어 있습니다. 부활하신 주님을 만나본 제자들이 그 당시에 거의 다 살아 있었는데, 사도 바울이 거짓으로 "예수님께서 부활하셨다"라고 말할 수 있겠습니까? 예수님은 분명 부활하셨고, 제자들에게 당신의 부활을 증거하셨고, 마지막에는 오백여 명의 제자들이 보는 앞에서 구름을 타고 승천하셨습니다. 그래서 예수님의 부활을 목격한 제자들은 구원의 확신을 품고, 예수님의 부활로 확증된 복음을 담대히 증거하게 되었습니다.

예수 부활의 증인들

부활하신 예수님께서는 먼저 무덤을 찾아온 여인들을 만나 주셨고, 열한 사도와 제자들을 찾아가셔서 그들이 부활하신 주님을 목도하게 하셨습니다. 예수님께서는 부활하신 후 40일 동안 여러 번 제자들에게 나타나셨고, 마지막으로 오백여 제자들이 보는 앞에서 하늘로 올라가셨습니다. 예수님은 승천하신 후에도, 당신의 성도들을 잡으러 다마스커스(Damascus)로 달려가던 청년 사울(후에 사도 바울이 됨)에게 나타나셨습니다. 사울은 부활하신 주님을 만나 뵙고 죽은 자의 부활을 증거하는 복음의 일꾼이 되었습니다.

부활하신 주님을 만난 후 청년 사울의 삶은 180도로 바뀝니다. 그는 대제사장의 칙서를 받아 들고 기독교인들을 잡아들이려고 다마스커스에 가까이 이르렀을 때에 태양보다 더 밝은 빛으로 나타나신 주님을 뵙게 됩니다. 주님께서 **"사울아 사울아 네가 어찌하여 나를 핍박하느냐?"** 하시자, 사울은 **"주여 뉘시오니이까?"** 하고 물었습니다. 주님께서는 **"나는 네가 핍박하는 예수라"** 라고 대답하시며 사울의 갈 길을 인도해 주셨습니다. 사울은 주님의 말씀을 따라 다마스커스에 들어가서 아나니아라는 주님의 제자를 만나 진리의 복음 말씀을 듣습니다. 가말리엘이라는 율법의 큰 스승 밑에서 하나님의 말씀을 배웠고 율법의 엄격한 규례를 따라 양육된 청년 사울은 구약성경에 해박했습니다. 그는 구약의 속죄제사의 계시를 통해서 하나님께서 인류를 어떻게 죄에서 구원하실 것인지를 밝히 알고 있었습니다. 그는 이사야 예언자의 말씀대로 하나님께서 우리에게 구원자를 보내 주셔서 그 구원자(메시아)가 우리 무리의 죄악을 담당할 것도 잘 알고 있었습니다.

"내가 받은 것을 먼저 너희에게 전하였노니 이는 성경대로 그리스도께서 우리 죄를 위하여 죽으시고 장사 지낸바 되었다가 성경대로 사흘만에 다시 살아나사 게바에게 보이시고 후에 열 두 제자에게와 그 후에 오백여 형제에게 일시에 보이셨나니 그 중에 지금까지 태반이나 살아 있고 어떤이는 잠들었으며 그 후에 야고보에게 보이셨으며 그 후에 모든 사도에게와 맨 나중에 만삭되지 못하여 난 자 같은 내게도 보이셨느니라"(고전 15:3-8).

사도 바울은 고린도 성도들에게 자신이 전한 복음을 굳게 믿으라고 권면하면서, 예수 그리스도께서 **"성경대로"** 우리의 죄를 위하여 죽으셨다가 **"성경대로"** 다시 살아나셨다고 선포했습니다. 바울이 활동했던 시대는 아직 신약성경이 쓰이기 전이었습니다. 따라서 위의 말씀에서 사도 바울이 언급한 **성경**은 **"구약성경"**입니다. 구약성경에 기록된 대속(代贖)의 속죄제사에는 반드시 세 가지 요건이 있어야 했습니다. 즉 구약시대에는 1) 흠 없는 제물, 2) 안수를 통한 죄의 전가(轉嫁-옮겨 심음), 3) 제물의 죽음(피)을 필수적으로 갖추어서 속죄제사를 드려야 했습니다. 이러한 속죄제사에 해박했던 청년 사울은 아나니아가 **"물과 피로 임"**(요일 5:6)하신 하나님의 아들 예수 그리스도의 복음을 전해 주었을 때에 눈에서 비늘 같은 것이 떨어지며 거듭나게 됩니다.

예수 그리스도께서 흠 없는 하나님의 어린양으로 오셔서 아론의 후손이자 인류의 대표자인 세례 요한에게 안수(按手)의 형식으로 세례를 받으심으로 세상 죄를 단번에 담당하셨다는 사실을 사울은 확신했습니다. 예수님께서 **"성경대로,"** 즉 안수의 방식으로 받은 세례로 인류의 모든 죄를 짊어지시고 **"성경대로"** 십자가에서 피 흘려 돌아가셨다가 **"성경대로"** 다시 살아나셨다는 사실을 확증한 사울은 이전의 삶과는 전혀 다른 삶을 살게 되었습니다. 그때까지는 기독교도들을 이단이라고 핍박하고 잡아들이던 그가 진리의 복음을 증거하기 위해서 죽음도 불사하는 복음의 증거자가 되었습니다. 그가 복음을 위해서 감내했던 고난의 일단(一端)이 성경에 기록되어 있습니다.

"저희가 히브리인이냐 나도 그러하며 저희가 이스라엘인이냐 나도 그러하며 저희가 아브라함의 씨냐 나도 그러하며 저희가 그리스도의 일군이냐 정신 없는 말을 하거니와 나도 더욱 그러하도다 내가 수고를 넘치도록 하고 옥에 갇히기도 더 많이 하고 매도 수없이 맞고 여러 번 죽을 뻔 하였으니 유대인들에게 사십에 하나 감한 매를 다섯번 맞았으며 세번 태장으로 맞고 한번 돌로 맞고 세번 파선하는데 일주야를 깊음에서 지냈으며 여러 번 여행에 강의 위험과 강도의 위험과 동족의 위험과 이방인의 위험과 시내의 위험과 광야의 위험과 바다의 위험과 거짓 형제 중의 위험을 당하고 또 수고하며 애쓰고 여러 번 자지 못하고 주리며 목마르고 여러 번 굶고 춥고 헐벗었노라 이 외의 일은 고사하고 오히려 날마다 내 속에 눌리는 일이 있으니 곧 모든 교회를 위하여 염려하는 것이라"(고후 11:22-28).

사도 바울이 그런 고난 가운데서도 자기의 목숨까지도 아끼지 않고 복음의 증거자가 된 것은 그 자신이 부활하신 예수님을 만났기 때문입니다. 그래서 사도 바울은 자기가 거듭난 부분을 간증할 때마다 다마스커스로 가던 도상(途上)에서 부활하신 예수님을 만났던 일을 회상하며 증거했습니다. 나와 여러분은 기록된 성경 말씀을 통해서 부활하신 주님을 생생하게 목격했습니다. 따라서 우리들도 모두 예수 부활의 목격자들이며 증인입니다. 우리도 **"물과 피로 임"**(요일 5:6)하신 주님께서 우리의 모든 죄를 다 없애 주셨고, 이제는 부활하셔서 하나님 보좌 우편에 앉아 계신 것을 성경 말씀을 통해서 생생하게 보았기 때문에 담대하게 주님의 복음을 증거할 수 있습니다.

저와 여러분은 영생의 구원을 얻은 자들이고 부활한 영을 받은 자들입니다. 죄 사함을 받은 우리의 영(靈)은 이미 부활했습니다. 그리고 우리의 몸도 장차 부활할 것입니다. 주님께서 마지막 나팔 소리와 함께 천군 천사들을 대동하시고 공중에 임하실 때에 우리를 홀연히 신령한 몸으로 변화시켜 주셔서 공중으로 끌어올려 주실 것입니다. 우리는 휴거의 그날을 기다리면서 예수 부활의 목격자와 증인으로 오늘을 살고 있습니다.

오늘이 부활절은 아니지만, 거듭난 우리에게는 모든 날이 부활절입니다. 예수님께서 부활하셨다는 사실은 우리의 구원의 최후 확증입니다.

할렐루야!

말씀을 마쳤습니다.

모든 족속에게 복음을 전파하라

"열 한 제자가 갈릴리에 가서 예수의 명하시던 산에 이르러
예수를 뵈옵고 경배하나 오히려 의심하는 자도 있더라
예수께서 나아와 일러 가라사대 하늘과 땅의 모든 권세를 내게 주셨으니
그러므로 너희는 가서 모든 족속으로 제자를 삼아 아버지와 아들과 성령의 이름으로 세례를 주고
내가 너희에게 분부한 모든 것을 가르쳐 지키게 하라 볼찌어다 내가 세상 끝날까지 너희와 항상 함께 있으리라 하시니라"(마 28:16-20).

주님의 구원 사역은 주님께서 세례 요한에게 받으신 세례에서 시작되어서 십자가의 죽으심과 부활로 완성되었습니다. 예수님께서 받으신 세례로 전 인류의 모든 죄를 단번에 당신의 육체에 담당하셨기 때문에, 주님은 세례를 받으신 이튿날에 세례 요한으로부터 **"보라 세상 죄를 지고 가는 하나님의 어린양이로다"**(요 1:29)라는 증거를 받으셨습니다. 성자(聖子) 하나님이신 예수님은 **"이와 같이 하여 모든 의를 이루"**(마 3:15)기 위하여 세례로 담당한 세상 죄를 지고 십자가로 가셨습니다. 그리고 십자가에서 당신의 보혈을 흘려서 나와 여러분들의 모든 죄를 온전히 대속(代贖)해 주셨습니다. 주님은 온몸의 피를 다 쏟으시고 **"다 이루었다"**(요 19:30) 하고 크게 외치시고 돌아가셨습니다.

그때에 성소와 지성소 사이를 가로막고 있던 휘장이 위에서 아

래까지 큰 폭으로 좍 찢어져서 지성소에 들어가는 길이 활짝 열렸습니다. 이는 이제 누구든지 하나님의 아들인 예수님께서 **"물과 피로 임"**(요일 5:6)하셔서 인류의 모든 죄를 단번에 그리고 영원히 없애 주셨다는 이 진리의 복음을 믿는 자마다 하나님의 보좌 앞에 담대히 나갈 수 있게 되었다는 뜻입니다. 예수님은 우리의 모든 죄를 당신 홀로 담당하시고 당신 홀로 대속(代贖)의 고난을 받아 주셔서 단번에 없애 주셨습니다.

요즘에 유행하는 말로 하자면 이것은 "팩트"(fact)입니다. 요즘 어느 TV방송사의 뉴스에 "팩트 체크"(fate check)라는 코너가 있고, 어느 광고의 카피(문구)에도 "이것은 팩트입니다"라는 문구가 임팩트(impact)를 주고 있습니다. 잘 아시는 대로 "팩트"(fact)란 사실(事實)이라는 뜻입니다. 하나님의 외아들이신 예수님께서 육신을 입고 이 땅에 오셔서 **"물(세례)과 피"**의 사역으로 전 인류의 모든 죄를 단번에 없애 주신 것은 **진리의 성경 말씀에 기록된 팩트(사실)**입니다. 예수님께서 세상의 모든 죄를 다 없애 놓으셨기 때문에 이제 세상에는 죄가 없습니다. 이제는 사람들이 진리의 복음을 믿지 아니하는 그 죄 때문에 지옥 가는 것이지, 자기들이 부족하고 연약해서 지은 죄 때문에 지옥에 가는 것은 아닙니다. 죄를 짓지 않는 자가 어디 있습니까? 우리는 죄를 지을 수밖에 없는 존재들입니다. 하나님께서는 우리가 그렇게 연약한 존재인 줄 아십니다. 하나님께서 **"우리의 체질을 아시며 우리가 진토임을 기억"**(시 103:14)하셨기 때문에 당신 편에서 일방적으로 우리를 구원해 주신 것입니다.

예수님께서 우리를 구원하신 목적이 무엇일까요? 그것은 첫째로 우리가 영생의 천국에 들어가게 하기 위함이고, 둘째로 우리가 육체의 남은 때를 복음의 일꾼으로 살게 하려 함입니다. 부활하신 주님은 40일 동안 제자들에게 당신의 부활을 증거하시고 이제 다시 하늘로 올라가시기 전에 제자들을 갈릴리의 한 산에 다 모으셨습니다. 거기서 예수님은 제자들에게 **"(아버지께서)하늘과 땅의 모든 권세를 내게 주셨으니 그러므로 너희는 가서 모든 족속으로 제자를 삼아 아버지와 아들과 성령의 이름으로 세례를 주고 내가 너희에게 분부한 모든 것을 가르쳐 지키게 하라 볼찌어다 내가 세상 끝날까지 너희와 항상 함께 있으리라 하시니라"**(마 28:18-20)고 당부하시고 하늘로 올라가셨습니다.

대사명(大使命)의 말씀

주님께서 제자들에게 주신 이 명령을 일컬어 **대사명**(大使命, the Great Commission)이라고 부릅니다. 우리가 읽는 『개역한글판 성경』에는 대사명의 말씀에 약간 의역(意譯)된 부분이 있습니다. 『흠정역(欽定譯) 성경』(King James Version)에는 마태복음 28장 19절과 20절의 말씀이 "그러므로 너희는 모든 족속에게 가서 가르치고 아버지와 아들과 성령의 이름으로 그들에게 세례를 베풀고 내가 너희에게 명한 모든 것을 준행하도록 가르쳐라"(Go ye therefore, and teach all nations, baptizing them in the name of the Father, and of the Son, and of the Holy Ghost: Teaching them to observe all things whatsoever I have commanded you. KJV)고 번역되어 있습니다. 우리 『개역한글판 성경』에는 **"제자를 삼아"**라는 말씀이 추가되었는데, 이 부분은 의역(意譯)된 부분입니다. "주님께서 말씀하신 모든 것을 가르쳐 지키는 자로 삼는 것"이 주님의 제자를 삼는 일이므로 이런 의역이 틀린 번역은 아닙니다.

『흠정역(欽定譯) 성경』(King James Version)을 따라서 본다면, "너희는 모든 족속에게 가서 가르치고"(19절)라는 부분에서 "무엇"을 가르치라는 말씀일까요? 복음을 가르치라는 말씀입니다. 주님의 제자들은 모든 족속에게 가서 진리의 복음을 가르쳐야 합니다. 그리고 복음을 듣고 믿어서 죄 사함을 받은 자들에게는 아버지와 아들과 성령의 이름으로 세례를 주라고 주님은 명령하셨습니다.

진리의 복음은 **"물과 피의 복음"** 하나뿐입니다. 다른 복음은 없습니다. 진리의 원형복음(原形福音)은 예수님께서 친히 제자들에게 가르쳐 주셨던 유일한 복음이고, 제자들은 그 복음을 생명처럼 지켰습니다. 제자들은 또한 주님의 명령을 따라서 모든 족속에서 가서 원형의 복음을 전파하고 가르쳤습니다. 사도 바울은 **"형제들아 내가 너희에게 전한 복음을 너희로 알게 하노니 이는 너희가 받은 것이요 또 그 가운데 선 것이라"**(고전 15:1)고 복음을 소개했습니다. 또 바울은 자기가 전한 복음이 **"성경대로 그리스도께서 우리 죄를 위하여 죽으시고 장사 지낸바 되었다가 성경대로 사흘 만에 다시 살아나"**(고전 15:3-4)신 복음이라고 소개했습니다. 구약의 말씀에 계시된 **"성경대로"의 복음**은, 예수님께서 흠 없는 제물로 이 땅에 오셔서, 인류의 대표자인 세례 요한에게 안수의 형식으로 세례를 받으심으로 세상 죄를 단번에 담당하시고 십자가에서 대속(代贖)의 피를 흘려 죽으심으로 인류의 모든 죄를 단번에 없애 주신 **"물과 피의 복음"**입니다. 이 진리의 복음 외에 다른 복음은 없습니다.

부활하신 주님께서는 승천하시기 직전에 제자들에게 "너희는 모든 족속에게 가서 이 진리의 원형복음을 가르쳐라" 하고 당부하셨습니다. 아무 복음이나 가르친다고 사람들이 **"죄 사함으로 말미앎는 구원"(눅 1:77)을 받는 것이 아닙니다. 지금도 많은 교회들이나 선교단체에서 나름대로 복음을 전파하고 있지만, 그들이 전하는 것이 진리의 원형복음입니까? 모두 그렇지는 않습니다. 대부분의 교회나 선교단체는 예수님께서 세상의 죄를 단번에 담당하신 세례의 말씀을 빼버리고 오직 **"십자가의 피만의 복음"**을 전파합니다. 그들은 예수 그리스도께서 세례 요한에게 **"이제 허락하라 우리가 이와 같이 하여 모든 의를 이루는 것이 합당하니라"**(마 3:15) 하고 명령하셔서 세례를 받으실 때에 인류의 모든 죄가 예수님께로 넘어갔다는 진리를 증거하지 않습니다. **"십자가의 피만의 복음"**은 반쪽짜리 복음입니다. 그런 반쪽짜리 복음으로는 아무도 **"죄 사함으로 말미암는 구원"**(눅 1:77)을 받을 수 없습니다. 자기의 죄가 예수님께로 넘어간 증거의 말씀이 없는 **"십자가의 피만의 복음"**을 믿는 사람들은 마음의 죄가 그대로 남아 있을 수밖에 없습니다. 여러분도 정직하게 한번 자신을 돌아보십시오. 예수님께서 받으신 세례의 능력을 믿기 전에 여러분의 마음에 죄가 흰 눈처럼 씻어진 적이 있었습니까? 그렇지 않았습니다. 그래서 항상 자기 마음에 남아 있는 죄 때문에 여러분은 항상 눈물로 회개 기도를 드리면서 주님의 용서를 구하지 않았습니까?

"세례도 하나이요"(엡 4:5)

진리의 복음을 가르쳐 주면, 복음을 믿는 자는 죄 사함을 받고 거듭납니다. 주님께서는 죄 사함을 받고 거듭난 자들에게 아버지와 아들과 성령의 이름으로 세례(洗禮)를 주라고 명하셨습니다. 이때에 성도(聖徒)들이 받는 세례는 그들이 기독교에 입교했다는 표로 행하는 단순한 예식(禮式)이 아닙니다. 성도들이 받는 세례는 자기가 예수님께서 받으신 세례의 능력을 믿음으로 거룩한 하나님의 백성이 되었다는 신앙고백입니다. 예수님께서 인류의 대표자인 세례 요한에게 안수의 형식으로 받으신 세례는 세상 죄를 단번에 담당한 세례입니다. 예수님께서 받으신 세례가 우리를 **"구원하는 표"(벧전 3:21)**입니다. **"물과 피로 임"(요일 5:6)**하신 예수님께서 우리의 모든 죄와 허물을 단번에 없애 주셨다는 진리가 원형(原形)의 복음입니다. 주님의 제자들이 모든 족속에게 가서 진리의 원형 복음을 전파하면 믿는 자들이 죄 사함을 받고 거듭나게 되는데, 제자들은 그들이 예수 그리스도께서 받으신 세례와 십자가의 피를 믿는 믿음을 고백하는 표로 그들에게 세례를 주었습니다.

예수님께서 받으신 세례 안에는 당신의 구원사역이 모두 함축(含蓄)되어 있습니다. 세례의 원형은 침수례(浸水禮, baptism by immersion)인데, 여기에는 안수와 침수, 그리고 물에서 다시 올라오는 과정이 다 포함됩니다. 인류의 대표자인 세례 요한에게 안수의 형식으로 받으신 예수님의 세례로 이 세상의 모든 죄가 단번에 예수님께로 넘어가서 이 세상에 **"모든 의"**가 이루어졌습니다. 예수님께서 물에 잠기신 것은 장차 예수님이 십자가에 돌아가실 것을 계시하는 것이고 물에서 올라오신 것은 주님께서 우리의 모든 죄를 다 없애 주셨기 때문에 아버지께서 기뻐하시고 주님을 부활시켜 주실 것을 계시합니다. 즉 예수님의 세례는 세상 죄를 담당하심과 십자가의 죽으심과 부활을 다 포함하고 있습니다. 그래서 성도들이 진리의 원형복음인 **"물과 피의 복음"**을 믿음으로 죄 사함을 받은 후에 침수례(浸水禮, baptism by immersion)로 세례를 받는 것은 "우리 주님이 이와 같이 세례를 받으심으로 저를 모든 죄에서 구원하셨습니다"라는 믿음의 고백입니다.

그만큼 예수님의 세례는 우리의 구원사역에 있어서 절대적 요소입니다. 그래서 성경은 "**주도 하나이요 믿음도 하나이요 세례도 하나이요 하나님도 하나이시니 곧 만유의 아버지시라 만유 위에 계시고 만유를 통일하시고 만유 가운데 계시도다**"(엡 4:5-6)라고 선포합니다. 예수님께서 받으신 세례와 우리 성도들이 받는 세례는 하나입니다. 모든 성도들도 예수님의 세례의 능력을 믿음으로 세례를 받는 것입니다. 또한 사도 바울은 "**누구든지 그리스도와 합하여 세례를 받은 자는 그리스도로 옷 입었느니라 너희는 유대인이나 헬라인이나 종이나 자주자나 남자나 여자 없이 다 그리스도 예수 안에서 하나이니라**"(갈 3:27-28)고 선포했습니다.

세례는 기독교에 입교했다는 표로 받는 단순한 예식이 결코 아닙니다. 그런데 오늘날의 기독교 안에서는 진리의 복음을 알지도 못하고 죄 사함을 받지도 못한 자들이 세례를 주고받습니다. 그것은 그저 이 사람이 자기 교회의 교인이 되었다는 예식에 불과합니다. 그런 세례, 즉 단순한 입교 예식으로서의 세례는 아무 의미가 없습니다. 세례는 아무에게나 베푸는 것도 아닙니다. 성도의 세례는 진리의 원형복음(原形福音)을 믿어서 죄 사함을 받고 의인으로 거듭난 자들에게만 베푸는 신앙고백입니다.

"모든 선한 일을 행하기에 온전케 하려 함" (딤후 3:17)

주의 종들은 진리의 원형복음을 믿음으로 거듭난 자들에게 주님의 모든 말씀을 가르쳐서 그들도 복음의 일꾼이 되도록 양육합니다. 주님께서 모든 사람을 주님의 제자로 삼으라고 명하셨기 때문입니다. 제자(弟子)는 스승을 따르는 자(followers)입니다. 주님의 제자가 되려면 하나님의 말씀 앞에서 자기의 생각을 부인하고 자기 십자가를 져야 합니다.

"모든 성경은 하나님의 감동으로 된 것으로 교훈과 책망과 바르게 함과 의로 교육하기에 유익하니 이는 하나님의 사람으로 온전케 하며 모든 선한 일을 행하기에 온전케 하려 함이니라"(딤후 3:16-17). 우리 모두는 하나님의 말씀을 배우고 믿어야 합니다. 제자들에게 무엇보다도 중요한 것은 말씀을 믿는 믿음입니다. 말씀을 믿는 믿음이 있어야 하나님 앞에서 의의 종으로 쓰임 받기에 온전해집니다.

"너희는 가서 모든 족속으로 제자를 삼아 아버지와 아들과 성령의 이름으로 세례를 주고 내가 너희에게 분부한 모든 것을 가르쳐 지키게 하라"—주님께서 거듭난 의인들에게 명하신 대사명(大使命, the Great Commission)입니다. 우리는 이 명령을 우리의 생명이 다하기까지 준행해야 합니다. 마가복음에는 대사명과 그 따르는 표적에 대해서 조금 더 자세히 기록되어 있습니다.

"또 가라사대 너희는 온 천하에 다니며 만민에게 복음을 전파하라 믿고 세례를 받는 사람은 구원을 얻을 것이요 믿지 않는 사람은 정죄를 받으리라 믿는 자들에게는 이런 표적이 따르리니 곧 저희가 내 이름으로 귀신을 쫓아내며 새 방언을 말하며 뱀을 집으며 무슨 독을 마실지라도 해를 받지 아니하며 병든 사람에게 손을 얹은즉 나으리라 하시더라"(막 16:15-18).

"너희는 온 천하에 다니며 만민에게 복음을 전파하라"라는 말씀에서 언급된 "복음"은 "물과 피의 복음" 즉 진리의 원형복음입니다. 이 복음 외에 다른 복음은 없습니다. 사단 마귀는 로마제국을 움직여서 기독교를 로마제국의 국교로 공인되게 하고, 기독교라는 이름의 무력화된 종교를 통해서 많은 사람이 예수님을 믿도록 역사적 상황들을 전개했습니다. 그런데 "악마는 디테일(detail)에 있다"라는 말대로, 사단 마귀는 오랜 세월에 걸쳐서 원형의 복음인 **"물과 피의 복음"**에서 **"물"**의 진리를 빼버리는 디테일(detail)한 계략으로 **"십자가의 피만의 복음"**을 정통화(正統化)시키는데 성공했습니다. 그 결과 전 세계 기독교인들은 사단 마귀가 변질시킨 사이비(似而非) 복음, 즉 **"십자가의 피만의 복음"**이 진리인 줄 알고 믿게 되었습니다. 그러나 **"누구든지 그리스도와 합하여 세례를 받은 자는 그리스도로 옷 입었느니라"**(갈 3:27)는 말씀대로, 예수님께서 받으신 세례의 능력을 믿는 자라야 예수님께서 **"물과 피로 임"**(요일 5:6)하셔서 완성하신 **"하나님의 의"**(롬 1:17)를 옷 입고 영생의 천국에 들어갈 수 있습니다.

거듭난 의인들은 천하 만민에게 복음을 전파하라는 주님의 **대사명**(大使命, the Great Commission)을 준행하기 위해서 자기의 남은 생애를 드립니다. 의인들이 전하는 유일한 복음은 **"물과 피의 복음"**입니다. 이 진리의 원형복음을 믿고 전파하는 자들에게는 여러 가지 표적(signs)이 따릅니다.

거듭난 자들에게 따르는 첫째 표적은 **"주님의 이름으로 귀신을 쫓아내는"** 역사입니다. 의인들의 마음에는 성령 하나님께서 계셔서 믿음으로 명령하면 죄인들에게 붙어 있던 악한 영들이 쫓겨나갑니다. 아직 죄 사함을 받지 못한 죄인들은 아무리 신령한 표정을 짓고 행동을 반듯하게 해도 다 어두움의 세상 주관자인 **"공중 권세 잡은 자"**(엡 2:2)의 지배 아래 있습니다. 직설적으로 말씀을 드리

자면, 거듭나지 않은 사람은 사실 다 악한 영의 지배를 받고 있습니다. 그런데 거듭난 의인들이 거듭나지 못한 영혼들에게 믿음으로 능력의 복음 말씀을 전해 주면 귀신들이 쫓겨나갑니다.

거듭난 의인들에게 따르는 둘째 표적은 **"새 방언을 말"**하는 표적입니다. 새 방언(方言)이란 하늘에 속한 영적인 언어를 의미합니다. 예수님께서 어느 날 밤에 찾아온 유대인의 관원 니고데모(Nocodemus)에게 천국의 비밀에 관해서 말씀하셨는데, 니고데모는 주님의 말씀을 제대로 알아듣지를 못했습니다. 예수님의 말씀을 듣고 의아해하는 니고데모에게 주님은 **"바람이 임의로 불매 네가 그 소리를 들어도 어디서 오며 어디로 가는지 알지 못하나니 성령으로 난 사람은 다 이러하니라"**(요 3:8)고 말씀하셨습니다. 물과 성령으로 거듭난 의인들의 입에서는 하늘에 속한 새 방언들이 쏟아지는데, 거듭나지 못한 이들은 의인들의 입에서 나오는 영적인 말들을 이해할 수 없습니다. 요즘 기독교인들은 짐승 소리 비슷하고 알아들을 수도 없는 이상한 괴성(怪聲)들을 지르면서 "방언(方言)의 은사를 받았다"라고 쇼를 하는데, 그들이 하는 짓거리를 보고 있노라면 참으로 부끄럽기 짝이 없습니다. 그런 작태는 귀신으로부터 오는 것입니다.

거듭난 하나님의 백성들에게 따르는 세 번째 표적은 **"뱀을 집으며 무슨 독을 마실지라도 해를 받지 아니하는"** 능력입니다. 미국의 어느 지역에 기독교 이단의 모임이 있었는데, 그들은 이 말씀을 문자 그대로 해석하고서 뱀의 독을 마시고는 집단으로 사망했습니다. 그들은 미친 사람들입니다. 하나님 말씀은 **"영이요 생명"**(요 6:63)입니다. 하나님의 말씀에서 뱀은 사단 마귀를 상징합니다. 믿음이 강건한 의인들은 사단 마귀와 대결할 때에 그들이 쏘는 모든 거짓의 독(毒)들을 맞아도 전혀 해(害)를 당하지 않습니다.

거듭난 의인들에게 따르는 마지막 표적은 **"병든 자에게 손을 얹고 기도하면 낫는"** 능력입니다. 사람들에게 가장 무서운 병은 **"죄의 병"**(sin sick)입니다. 우리가 믿음과 사랑으로 죄인들에게 진리의 복음을 전해 주면 그들은 **"죄의 병"**(sin sick)에서 치유되어 죄 사함을 받습니다. 사람이 모든 죄의 사함을 받으면 심령이 강건해지고 평안해져서 정신적인 병이나 육신적인 병도 치료되고 호전됩니다. 또한 성경은 **"의인의 간구는 역사하는 힘이 많으니라"**(약 5:16)고 말씀합니다. 거듭난 우리가 다른 이의 병이 고침을 받도록 믿음으로 기도하면 하나님께서는 그 사람의 육신적인 병도 낫게 해 주십니다.

부활하신 주님께서는 하나님 아버지께로 돌아가시기 직전에 우리에게 **대사명**(大使命, the Great Commission)의 명령을 주셨습니다. 제자들은 주님께서 약속하신 말씀을 믿고 두루 복음을 전파했습니다. 주님께서는 그 따르는 표적으로 제자들이 전한 말씀이 진리임을 증거해 주셨습니다. 그렇다면 거듭난 우리가 무엇을 위해서 우리의 여생을 살아야 합니까? 우리는 진리의 원형복음을 전파하는 일을 푯대로 삼아 육체의 남은 때를 주님께 드려야 합니다.

복음을 전파해서 지옥에 떨어지고 있는 영혼들을 구원하는 일이 가장 선한 일입니다. 그리고 주님은 우리를 선한 일꾼으로 부르셨습니다. **"우리는 그의 만드신 바라 그리스도 예수 안에서 선한 일을 위하여 지으심을 받은 자니"**(엡 2:10)─주님께서 우리를 새롭게 만드셨습니다. 주님께서는 우리를 진리의 복음으로 재창조하셨습니다. 죄인을 의인으로 재창조하시는 역사가 거듭남(being born-again)입니다. 주님께서는 우리를 복음의 선한 일꾼으로 삼고자 우리에게 거듭남의 은혜를 입혀 주셨습니다. 가난한 사람들에게 빵을 나눠주고 소외된 사람들의 고통을 함께 짊어지는 일도 선하고 귀한 일이지만, 그들에게 영생의 축복을 입혀 주지 못한다면 그런 육신적인 선행이 하나님의 눈에는 아무것도 아닙니다. 하나님께서 모든 인생들에게 주시는 가장 귀한 선물은 천국의 영생의 구원입니다. 그 구원의 선물을 하나님께로부터 받아서 영혼들에게 전해 주는 일보다 선하고 귀한 일은 없습니다.

만일 제가 제 자녀들에게 대기업을 물려주고 물질적으로 아무 걱정을 하지 않도록 많은 재산을 물려줬다고 해도 제가 믿고 있는 영생의 구원을 그들에게 전해주지 않았다면 저는 악한 아버지입니다. 제가 여러분들에게 이 땅에 속한 것들을 나눠주지 못할지라도 여러분이 영생의 천국에 들어갈 수 있도록 진리의 복음 말씀을 전해 주고 또 모든 말씀을 가르쳐서 여러분이 주의 말씀을 올바르게 따라가게 인도해 준다면 저는 하나님 앞에서 제가 해야 할 바를 다한 것입니다. "**가르침을 받는 자는 말씀을 가르치는 자와 모든 좋은 것을 함께 하라**"(갈 6:6)고 말씀하십니다. "**모든 좋은 것**"이 무엇입니까? 하나님의 기뻐하시는 뜻입니다. 그리고 하나님께서 기뻐하시는 뜻은 주님께서 우리에게 당부하신 **대사명**(大使命, the Great Commission)을 우리가 준행하는 것입니다.

우리를 진리의 복음을 전파하는 일꾼으로 삼아주신 주님께 감사를 드립니다.

마태복음의 강해 설교를 모두 마칩니다.

할렐루야!

마태복음 강해 설교집
모든 의를 이루신 예수 그리스도 IV

2018 년 6 월 13 일 초판 인쇄

Copyright © 2018 by Uijedang Press
All rights reserved. No part of this publication may be reproduced, distributed, or transmitted in any form or by any means, without the prior written permission of the publisher.

발행처   도서출판 의제당
주소   제주특별자치도 제주시 계명길 10 (외도일동) 2 층

홈페이지   www.born-again.co.kr
　　　　 의제당.kr
블로그   pilgrim1952.blog.me
문의   uijedang@naver.com

Author   Samuel J. Kim
Editor   Tim J. Kim
Cover Art / Illustrator   Leah J. Kim

ISBN 979-11-87235-38-5   04230
ISBN 979-11-87235-30-9 (세트)

가격   10,000 원